"마음이 따뜻한 그대에게 드립니다"

님께

드림

나와 우리요원들은,

"보이는 것은 다 죽여라"

"명령만 내리면 하느님도 쏜다"

"체포되면 자폭하라"

"보지도 듣지도 말하지도 마라"

는 명령 속에 살인 병기로 길들여졌다.

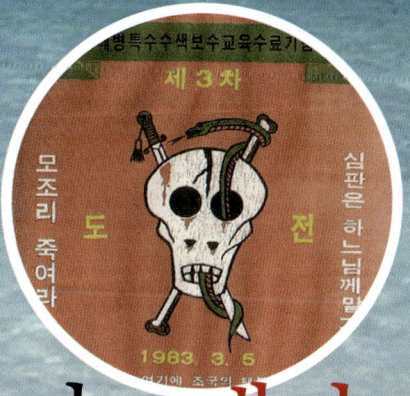

전설의 해병대
†노영길 지음†

망치

전설의 해병대 망치

2012년 4월 12일 초판 1쇄 발행
지 은 이 · 노영길

책임편집 · 김구현 | 본문디자인 · 투타 | 표지디자인 · midadesign
내용감수 · 망치 동지회원 일동

펴 낸 이 · 서희식, 김구현
펴 낸 곳 · 부모마음
주　　소 · 서울시 영등포구 영등포동 6가 77-7 흥무빌딩 3층, 부모마음 출판국
전　　화 · 02-2068-0903, 010-3016-9455
팩　　스 · 02-3667-0903
이 메 일 · midadesign@naver.com

도서공급처 · 도서 출판 행복한 마음 (전화 02-334-9107, 팩스 02-334-9708)

이 책은 저작권법에 따라 보호받는 저작물이므로 무단전재와 복제를 금지하며,
이 책 내용 전부 또는 일부를 이용하려면 저작권자와 부모마음(출판국)의 서면동의를 받아야 합니다.

잘못된 책은 바꿔드립니다. 책값은 뒤표지에 있습니다.

해병대 8·12망치 동지회
카　　페 · http://cafe.daum.net/mc812hammerforce
　　　　· http://cafe.daum.net/hammerforce
전　　화 · 011-793-2552, 010-6231-6836, 010-7293-2587
이 메 일 · ydroo@hanmail.net

이 책을 바칩니다

연평폭격으로 전사한 해병대. (2명)
고 서정우 하사, 문광옥 이병.

제2연평해전에서 전사한 해군. (6명)

천안함에서 전사한 해군. (46명)
그리고
고 한 준위.

마지막으로 고인이 된 해병대 망치요원 동지들.

당신이 대한민국입니다

프롤로그

해병대 망치(8·12)요원들의 기록

이 기록은 1981년부터 1984년까지 3년 동안 한시적으로 대북특수공작 작전(명시임무)을 수행했던 대한민국 해병대의 전설적인 응징보복요원(812요원 또는 망치요원부른다.) 이야기다. 우리해병 모두가 그렇듯이 해병대 시절 누구나 한 가지 쯤은 국가와 민족을 위한 혹독한 훈련과 작전을 기억할 것이다. 나 또한 그 시절을 기억하며 나의 해병대 시절을 회상해 본다.

우리요원들은 해병대 신화로 기록되고 세계대전사에서 최고의 승전보로 기록된 선배해병 월남전 짜빈동 전투요원의 후예들이다. 우리요원들의 일부는 짜빈동 전투를 지휘했던 지휘관이 이끄는 무적의 해병대, 해병 ○사단에서 차출되었다. 짜빈동 전투에서 우리해병은 적 1개 연대 급의 공격을 1개 중대 급의 병력으로 막아내고 대승을 거두었다. 우리해병 망치(8·12)요원들도 이러한 선배해병의 정신으로 무장하여 NLL 서부전선에서 사투를 건 작전을 수행하였다.

우리요원들과 함께 하는 '망치' 라는 용어는 많은 의미를 함축하고 있다. 망치란 적에게는 치명적인 살인무기가 될 수 있지만 아군에게는 귀한 연장으로 쓰이는 **망치의 속성을 본받은 우리요원들의 '작전명' 이다.** 우리요원은 '망치 같은 용맹심으로 적의 요충지인 정수리를 한 방에 박살내고 신속하게 빠지라, 만약 체포되면 장렬하게 자폭하라.' 는 망치 속에 담긴 무언의 명령을 상징하며 창설된 비 편제부대이다. 부대라기보다는 미국의 그린베레 같은 소수정예 특수 게릴라요원들이다..

현실은 아니었지만 백령도와 연평도에서 어쩌면 해병 1개 여단이 북한 해상육전대(우리의 해병대) 6만 명을 상대로 짜빈동 전투 같은 치열한 전투를 치러야 하는 끔찍한 상황이 일어날 수도 있다. 이곳에 주둔한 북한 해상육전대는 6·25 이후 지금까지 차곡차곡 실전작전을 쌓아 놓은 백령도와 연평도 등 서해 5도 우리의 전략적 요충지를 상륙·점령하기 위한 부대이다. 여기에 이들을 포함한 특수남파 상륙침투 부대요원(무장공비) 20만 명이 이곳에 포진되어 있다고 하니 이들의 음모를 가히 짐작할 만하다. 그래서인지 서해 5도는 언젠가는 어떤 형태로든 이들의 상륙·점령이 일어날 수 있는 바람 앞 등불의 처지이다. 우리요원들뿐 아니라 많은 군사전문가, 천안함 폭침을 예견했던 모 철학자 등, 총선과 대선을 치루는 해에 무력 상류작전 또는 국지전이 이루어질 것이라고 확신하고 있다.

지금도 일촉즉발의 긴장감이 상존하는 이러한 지역, 이러한 상황에서 우리요원들은 서해 5도 NLL선상을 서성이며 침투·기만작전을 수행하였다. 우리가 작전을 수행할 때 북한군은 우리의 망치작전 수행능력을 숨죽이고 지켜보면서 마땅한 대응전략을 수립할 수 없었다고 한다. 그 당시 **우리요원은 세계 유래 상 전무후무하다고 할 만큼 군에서 받을 수 있는 모든 전천후 특수훈련을 이수한 세계 최강 소수 정예요원들이기 때문이다.** 이러한 요원들은 우리 군에서 우리 해병대에서만 차출할 수밖에 없었다. 그 당시 우리해병에서 8·12요원에 차출되면 살아서 돌아올 수 없다고 운명으로 받아들였다. 그때도 힘 있고 빽 있는 자제들은 이를 교묘히 피해갔지만.

우리해병만이 이러한 혹독한 지옥훈련을 견딜 수 있었고 해병정신만이 죽음의 공포를 이겨낼 수 있었다. 그리고 명시임무 수행이라는 목표를 앞세우지 못하고 해병 전지훈련으로 위장할 수밖에 없었던 이유는 이것이 유엔군의 묵인 하에 정전위반을 피해갈 수 있는 유일한 방법이기 때문이다. 이것이 우리요원들이 국가의 보호를 받을 수 없는 족쇄가 되었다.

그리고 후에 밝혀진 얘기이지만 우리요원들은 침투공격루트는 있었지만 퇴각로가 없는 인간폭탄이었다. 그러니 그들이 우리를 두려워 할 것은 너무나 당연한 일이 아니겠는가.

만약 해병 8·12요원들이 지금까지 있었다면 그런 사태는 어림도 없는 일이다.

지금 망치처럼 용맹스런 우리요원들의 이야기는 역사의 뒤안길로 사라져 후배 해병들에게는 전설로만 전해진다. 그래서 이렇게 해병 8·12요원에 강제 배속되어 피비린내 나게 겪었던 우리의 생생한 실화를 이야기로 엮어 본 것이다. 이 기록을 남겨 놓지 않고는 하루도 발을 죽 뻗고 잘 수가 없었다.

또 이 기록은 해병대 요원이면 누구나 이 만큼의 훈련과 작전을 수행한 경험이 있었을 것이다. 하지만 이 기록은 해병에서 운이 좋은 특수요원들이라고 뽐내던 시절도 잠시 그만 이들의 한이 맺힌 절규이고 가슴을 흥건히 적시는 피눈물이기도 하다.

다른 한편으로는 이 고통을 국가에 대한 충성으로 여기고 온몸으로 받아들인 300여 명의 젊은이. 이들이 엄연히 두 눈 뜨고 살아 있는 현실임에도 불구하고 30여 년 동안 기록에서 지워져야만 했던 과거 우리의 슬픈 역사이기도 하다.

1981년은 많은 경쟁 국가를 물리치고 88올림픽 개최권을 획득한 바덴바덴의 기적을 이룬 해이고, 1984년은 북한에서 수해지원(쌀:7천 톤-5만 섬.)을 받던 해이다. **먼 훗날 우리요원들의 망치작전이 성공적으로 88올림픽을 마무리 할 수 있게 한 것은 명백한 사실이다. 하지만 이 88올림픽 성공개최의 '숨은 공로' 말 그대로 '숨은 역할'을 하고 '숨은 공로자'로 만 남았다.** 바로 이 역사적 숨은 공로가 우리 부대가 계속 존속하지 못하고 소리 없이 역사 속에서 사라지게 만드는 계기가 되는 시대의 아이러니다.

격동의 1980년대 초

나는 국민의 4대 의무 중 하나인 병역의무를 수행하기 위해 군문에 들어섰다. 당시 나는 일반 청년들과 같이 평범한 젊은이들 중 한 사람에 불과했다. 그래서 그런지 나의 생각은 단순했다. 해병대가 좋아서 입대한 것이 아니라 복무기간이 타군보다 짧았고 대학생 신분이라 복학일정과 맞았기 때문에 택한 것이다.

단지, 남보다 신체 건강하고 비교적 우수한 체력을 갖추었다는 이유 때문에 특별한 교육에 차출되었다. 그리고 인간의 한계를 뛰어넘는 가혹한 교육을 통해서 대북 공작요원으로 맞춤·조련되었다. 상상을 초월한 고

강도의 교육 도중에 부상자가 속출하였고 사망자도 발생했다. 그 광경을 지켜보는 일은 고통이었다.

나와 우리요원들은,

"보이는 것은 다 죽여라.",
"명령만 내리면 하느님도 쏜다.",
"체포되면 자폭하라.",
"보지도 듣지도 말하지도 생각하지도 말라."

는 명령 속에 살인 병기로 길들여졌다.

해병 8·12요원의 임지였던 대한민국 국토 최북단 서해 백령도와 연평도. 우리에게 특명으로 명시된 공격목표 지역인 북한의 월래도와 대수압도는 우리 코앞에 납작 엎드려 있었고, 장산곶과 해주지역도 손에 닿을 듯 가까웠다.

그곳에서는 우리의 인권이 철저하게 유린되었고, 면회, 외출 등 최소한의 기본권마저도 무시되었다. 일반인에게 우리요원들의 망치이야기를 들려주면 흔히 실미도 684부대의 아류인 마냥 호도하는 경우가 많다. 하지만 우리요원과 실미도 684부대와는 판이하게 다르다. 영화의 강한 인상 때문에 우리보다 이들이 더 슬프고 가슴 아픈 사건으로 기억한다. 일상생활에서는 악화가 양화를 구축하는 법이다. 그들은 끝내 훈련을 견디지 못하고 전원 탈출하여 수도권까지 진입하여 전원 장열하게 사살되는 광경이 일반인에게 깊게 각인되어 이들의 슬픔을 오래토록 기억할 뿐이다.

이들은 훈련 도중에 일어난 사건이다. 우리요원들은 이들과 달리 300여 명이 3년 동안 작전을 수행한 해병 최정예요원이다. 누구에게도 보호받지 못하는 최전선 서해안 NLL선상에서 매일 밤 북한과 치열한 심리전과 물리적 작전을 견주었다. 혹한기 3개월을 제외하고. 천안함 폭침사건으로 국민들에게 잘 알려진 세계에서 세 번째로 물길이 세고 부유물이 많아 시계가 흐린 곳에서. 이것은 매일매일 목숨을 건 사투를 벌인 것이다. 칠흑 같은 어둠과 살을 에는 혹한의 추위 속에서.

요원 선발과정도 이들과 달랐다. 이들은 사형수나 장기수, 포악한 범죄자, 사회에서 버림받은 문제아들을 선발기준의 우선순위를 두었지만 우리는 그렇지 않았다. 우리요원은 정규 병역의무를 수행하러 입대한 정규군으로서 신원이 확실하고 해병대의 모든 지옥훈련을 제일 잘 받은 인원들이다. 이런 선량한 군인들 중에서 선발하여 살인병기로 담금질시켜 특수 북파 공작요원으로 작전을 수행한 것이다. 우리요원 중에는 육군, 공군, 해군에서 실시하는 모든 특수훈련을 이수한 자가 수두룩했다. 우리를 북한의 124군 부대나 실미도 684부대와 비교하는 것은 우리요원들을 모독하는 일이다. 우리요원은 이들보다 몇 단계 더 잘 조련된 특수정예요원들이었다.

북한의 124군 부대가 은밀 침투를 위해 눈밭에서 수 ㎞를 이동하는 훈련을 받았다면, 우리요원은 인내력과 지구력을 단련하기 위해 이들보다 더 끔찍한 훈련을 견뎠다. 한겨울에 물속에서 수 시간 동안 움직이지 않는 저체온 훈련과 105㎏에 가까운 고무보트를 머리에 얹고 1주일 내내 잠을 자지 않고, 밤새도록 산과 계곡을 옮겨 다니는 훈련을 받았다.

북한의 124군 부대는 30㎏의 완전군장으로 무장하고 시간당 12㎞를 주파하는 급속 행군훈련을 받았지만, 우리요원은 야간에 중무장하고 6~7명이 머리위에 105㎏의 보트를 매고 산과 계곡을 시간당 12㎞로 주파하는 훈련을 받았다. 북한의 124군부대가 청와대를 공격하기 위해 황해북도 사리원에 있는 인민위원회 청사를 이용해 실전연습을 반복했다면, 우리요원은 북한의 공격지점을 가건물로 만들어 그곳에서 생활하면서 계속하여 반복훈련을 하였다.

김신조 부대 31명은 침투조, 습격조, 탈출조 등 3개 조로 나누어 청와대를 습격하기로 했으나, 우리요원은 정찰조, 엄호조, 돌격조로 나누었다. 우리부대가 그들과 다른 점은 탈출조가 아예 없었고, 구체적인 탈출 계획도 없었다. 임무를 완수한 후 적 해안에서 보트를 타고 전속력으로 백령도와 대청도의 일정한 방향으로 도주하는 것이었다. 아군의 지원이란 보트를 추적하는 북한 경비정의 접근을 차단하는 해안포 지원밖에 없었다.

또한 매일 선착순 구보 등으로 수㎞를 구보하고, 매주 12㎞ 산악과 해안 기록구보를 해서 김신조 부대요원이라 하더라도 풀어놓으면 1시간 안에 쫓아가 잡을 수 있었다.

일부 군사전문가들은 북한의 124군 부대는 전원 군관으로 이루어진 부대이며, 대단한 부대라고 평가한다. 하지만 우리요원에 비하면, 124군 부대는 배낭 매고 급속 행군만 뛰어났을 뿐 아무런 능력도 발휘하지 못하였고, 우리 측 경찰과 첫 조우하여 4시간 만에 혼비백산 한 오합지졸이었다.

이런 우리요원들은 외부와 완벽하게 차단된 우리만의 공간에서 낮에는 은밀한 살인교육을 받았으며, 밤이 되면 악천후에도 아랑곳없이 먼 바다를 향해 보트를 띄웠다. 그리고 매일 긴장과 공포 속에 북방한계선(NLL)을 넘나들었다. 임무 완수 후 원대복귀해서도 이미 인간병기로 개조되어 살벌해진 우리에게는 선후임 대원들조차 접촉을 꺼려했다. 훈련이나 작전 실행 중에서도 몇 명이 목숨을 잃었지만 정신과 육체 모두 만신창이가 되어버린 요원들 중 2명은 부대 내에서 스스로 목숨을 끊어버리는 일까지 발생했었다.

아, 우리는 그 시절, 그 고통을 어찌 잊을 수 있겠는가! 조국에 충성한다는 명분에 용솟음치는 패기와 불굴의 용기를. 하지만 그 이면에 도사린 서슬 퍼런 검은 눈동자와 잔인함의 극치를.

조국을 구하기 위해서는 목숨을 초개와 같이 여기고 두둑한 배짱을 젊음의 정수리 깊게 박아야 한다는 구호 아래 피똥 터지고 살을 에는 살인적인 추위에도 아랑곳 하지 않고 앞만 보고 달리던 우리!

시간과 공간이 멈춘 칠흑 같은 어둠. 그 어둠을 즐기면서도 산더미 같이 밀려오는 검은 파도의 아가미 속으로 금방이라도 빨려 들어 갈 것 같은 절박함에서 보잘 것 없는 조디악 7인승 보트(프랑스제)와 페다링에 의지한 채 똥오줌을 못 가리며 안간힘을 쓰던 우리!

우리는 누구를 위해 그토록 사나운 짐승들의 포효로 발악하며 잔인한 악마의 모습을 닮으려고 했는가!

말로는 이루 형용할 수 없는 고통과 절망감을 등짝에 짊어지고 매일 밤 바다를 포효했던 우리는 이 세상에서 버림받은 인생의 낙오자 그 이상도 그 이하도 아니었다. 어떤 때는 모골이 송연할 정도의 악몽을 꾼 적도 있다. 평소 제대로 된 따뜻함을 한 번도 남에게 베풀지 못하고 연탄재를 마구 걷어 찬 업보 때문일까. 아무리 의식을 확장시켜 생각해도 도무지 손에 잡히지 않은 미궁의 미스테리였다. 누가 우리를 이리로 내몰았을까?

이 모든 것이 역사의 빛바랜 추억으로 간직하기엔 너무나도 슬픈 잔상들이 많이 떠올라 그냥 구겨 넣기에는 서글픈 생각이 든다. 생사를 같이 했던 전우들의 응어리진 설움은 그냥 값진 추억이라고 묻어두자. 하지만 지금까지 연평해전, 대청해전, 천안함 폭침사건, 연평도 피격사건 등 우리와 같은 희생이 계속 이어지고 있으니 얼마나 통탄할 일인가. 그리고 시간이 지나면 국민들 뇌리 속에서 희미한 기억으로 사라져 가고 있으니 앞으로 그 누가 국가와 민족을 위해 귀중한 목숨을 기꺼이 바치려 하겠는가.

군을 떠난 지 어언 30여 년 가까운 세월이다

그러나 악몽과도 같았던 군 시절의 기억은 아직도 끈질기게 따라다닌다. 우리요원들 대다수의 영혼은 아직도 임지 부근을 배회하며 적진 침투용 고무보트에 승선하여 중무장한 채로 대기하던 그 밤에 머물러 있다. 외상 후 스트레스 장애(P T S D)를 호소하고 있는 것이다.

귀에 딱지가 앉도록 보안이라는 말로 우리 입을 막아왔던 우리의 기록들. 이제야 조심스럽게 독자들에게 펼쳐놓는다. 우리를 조련하여 사지로 내몰았던 이들은 역사의 장막 뒤로 숨어버렸다. 다만 영문도 모르는 채 끌려가서 사경을 헤매다 돌아온 우리는 수십 년의 세월이 흐른 후 다시 만났다. 어느 누구도 그때의 일을 떠올리기 싫어한다. 그래서 이 일이 더 어렵게 진행된다. 쓸쓸하게 지난날 젊음의 파편들을 찾아 모으며 퍼즐을 맞추듯 조각조각 정리해 나가고 있다. 군 장성을 비롯한 일부 지휘관들의 양심선언과 고백도 이 글을 쓰는 데 커다란 도움이 되었다. 그분들께 진심으로 고마움을 전한다.

이제 안개 속에 가려져 있던 우리의 실체가 점점 구체화되어 드러나고 있다. 그 시절 우리는 무엇이었으며 살벌했던 그 현장에는 무엇 때문에 실려가 머물다 돌아왔는지.

이 책을 살아있는 해병 8·12요원 모두의 이름으로, 불행했던 그 시절 고된 훈련 중 사망했거나 스스로 짧은 생을 마감한 전우들의 영전에 바친다. 우리해병들은 이들의 죽음을 헛되이 내버려 두서는 안 된다. 선배 해병들과 이들이 있었기에 우리해병의 정신과 혼은 영원할 것이다.

그들의 외로운 넋에 조그만 위안이 되기를 바라며.

- 해병 8·12요원에게 -

해병이여 영원하라

망치여 영원하라

그때 그 시절

우리를 지탱했던

우리의 전우애와 함께

우리의 충성심과 함께.

지금도 우리망치 마음의 안식처

백령, 연평이 불타고 있다.

그들이 우리를 부르고 있다.

우리 모두 마음 모아

그들을 위로하자.

그들을 지켜내자.

오늘도 연봉바위 회오리물결이

우리에게 손짓한다.

콩 돌 해안 콩 돌들 우리 귀를 간질인다.

다시 일어서야 한다.

우리의 전설을 일깨워야 하다.
해병의 정신을 살려내야 한다.

해병이여 영원하라
망치여 영원하라
해병이여 영원하라
망치여 영원하라
조국 통일 그날까지
그날의 함성을 영원히 기억하자.

2012년 1월 1일

화곡동 누항에서

관점과 줄거리

서해 5도 NLL는 우리나라의 영해이지만 우리가 마음을 놓고 오가는 곳이 아니다.

연평도폭격 천안함폭침 대청해전, 연평해전, 어선납치 등등. 남북한은 지금도 서해 5도 해상과 NLL를 사이에서 분쟁이 일어나면서 소리 없이 치열한 공방전이 진행되고 있다.

서해 5도의 작전권을 가진 미국과 연계하여 북파특수작전을 실행해야 했지만 비밀리에 이루어지는 한국군 독자적인 대북응징보복 을 위한 망치작전을 해병대에서 이미 특수교육(해병특수수색 UDT공수 저격수)을 이수한 정예해병을 강제 차출하여 8·12요원(일명 망치요원)을 북파특수공작요원으로 양성하였다.

박정희 정권에는 제1기의 경제개발이 이루어 졌다면 제2의 경제 성장의 도약이 된 것은 88올림픽이었다. 1980년대 전두환 정부는 국내외 정치적, 사회적 혼란기 속에서도 세계 경제대국으로 갈 88올림픽개최국으로 선정되자 북한은 긴장 속에.

남북한공동개최 요구가 무산되자 의도적으로 영·공·해를 침범했다. 대남간첩침투 도발은 물론 서해에서는 서해 5도와 해상을 고립시키기 위해 북방한계선(NLL)을 무시하고 자의적으로 남방한계선을 주장하면서 휴전선에 북한특수군 전진배치로 남침 할 여는 군사행동으로 위협했다.

정부는 한반도에 전쟁 가능성의 불씨를 북한군 군사요충지인 서해와 황해도에 위치한 지휘부와 섬들을 대남도발 근원지로 확신하고 이곳을 폭파 초토화시켜 제거하는 계획적인 전략전술로 망치요원들을 비밀리에 아군이 보호 할 수 없는 서해 해상과 NLL선상에 투입 목숨을 건 **망치작전을 실행함으로서 국가안보와 평화적인 88올림픽 개최에 지대한 공헌을 하였다.**

하지만 구국의 차원에서 이루어진 망치작전이 어떠한 이유로 묻히고 말았지만 시대가 바뀐 지금이라도 반드시 역사에 기록되어 명예를 회복하고, 국가에 충성을 다 했다는, 기억하는 존재로 남고 싶다는, 망치요원들이 바라는 마지막 소망을 전하는 것이다.

첫째 1980년 초 획기적인 경제개발과 선진국 진입에 호재로 88올림픽 개최국으로 선정되자 남북한은 6·25이후 냉전시대 최고조의 전쟁위기에서

둘째는 국가는 병역의무로 복무하는 장교, 하사관, 사병을 강제 차출하여 북파특수공작원을 양성하기 위해 북파특수공작훈련과 북파특수공작 임무를 마치면 최고의 예우를 한다는 약속에 인간한계를 뛰어넘는 가혹하고 혹독한 훈련으로 인권이 유린되는 억압과 폭력 앞에 휘둘리어 인간병기로 길들어져 북파특수공작원이 된 8·12요원들은

"심판은 하느님께 맡기고 보이는 것은 다 죽여라."
"명령만 떨어지면 하느님도 쏜다."
"체포되면 자폭하라."

는 명령에,

셋째는 완벽하게 준비된 북파특수공작원으로 선발된 망치요원들이 최북단 서해 5도 북방한계선(NLL)선상을 넘나드는 죽음의 전장으로 내몰린 채 목숨을 건 작전 활동에 특별한 희생과 봉사로 헌신적인 공헌을 하였지만 평화적인 88올림픽 성공개최 앞에 남북한 회해무드가 조성되면서 북을 공격하는 이들의 존재가 발각되면 골치 아픈 부대로 전락하자

상부에서 해체하라는 명령에 보안상 은폐 왜곡 기록되면서 망치부대는 그 시대에 아픈 상처를 남기고 전설 속에 사라져가야만 했다.

이들이 용기와 희망을 가지고 젊은 한 순간 가장 치열하게 살아온 인간사의 처절한 삶에서 무너지거나 오뚝이처럼 일어서며 살아가는 망치요원들의 면면들을 잘 보여주는 기록의 내용에서.

- 법대생에서 휴유증으로 학업을 포기한 유○○ ~~~
- 용기를 가지고 명문 법대를 졸업한 김○○ ~~~
- 3대독자로 북파특수공작원에 차출된 박○○ ~~~
- 요원 하나라도 살려서 고향땅으로 보내야 한다는 가슴 따뜻한 가장 나이 많은 최고참 선임하사 김○○ ~~~
- 망치훈련으로 처음 고인이 된 고 이○○을 사랑한 아름다운 여군 특전사 하사의 눈물 ~~~
- 생사가 달린 요원들의 안전을 위하여 북파훈련을 못 받겠다고 탈영한 장교 ~~~
- 김일성 목을 따서 순직한 고 이 광석 영전에 바치겠다는 서○○ ~~~
- 30년이 지난 지금도 망치요원의 옷을 항상 입고 잠을 잔다는 김○○ ~~~
- 무당이 된 김○○ 무일도사 ~~~
- 큰 교회 목사가 된 이○○ ~~~

- 이유 없이 죽으러 가는 연평도에 못가겠다고 탈영하여 잡혀온
  권○○ ~~~
- 망치훈련과 망치작전 후유증으로 부대에서 자살한 두 병사의
  우정 ~~~
- 훈련과 특수임무수행으로 심리적 압박에 시달리다 영구적인
  정신장애가 된 김○○. 그리고 저애보다 하루만 늦게 죽는 것이
  소원이라는 그의 어머니의 한 맺힌 절규 ~~~
  등등

선량한 국민의 자식들은 병역의무로 갔다가 국가가 시키는 대로 8·12요원(북파특수공작원)이 되어 거센 파도를 헤치며 험준한 산악과 하늘을 누비다 이름도 없이 훈장도 없이 숨지거나 병든 몸이 되어 가족의 품으로 돌아가야 했던 사실이 분명한 만큼, 국가는 반드시 이 진실을 밝혀 주어야 할 것이다.

서해 5도의 섬과 바다 NLL는 망치요원들에게는 악마의 섬이고 바다는 죽음의 선상이었지만 국가는 구국의 섬이고 평화의 바다였다.

망치요원들을 부당하게 차출하여 절대복종을 강요하며 무지막지한 북파특수공작훈련과 북파특수작전 활동을 수행하는 과정 하나하나에 냉

전시대의 다 같이 희생자가 된 망치요원 지휘관 관계자들의 증언 실체에 근거하여 취재한 실화라는 점에서 중복되는 부분도 많겠지만 이들의 존재를 자연스럽게 알게 되고 저자는 이 기록을 위해 이들의 이야기를 수기형식으로 서술한 것이다.

이 기록은 단순하게 기록성만을 갖고 있지 않고 주인공인 망치요원들이 군사정권 시대에 광주이야기, 아웅산 사건 등 아픈 상처를 이기고 평화적인 88올림픽개최국으로서 국가 발전의 획기적인 선택에 특별한 희생을 강요당하며 복종해야하는 과정에서 특수임무를 수행 했지만 위정자들의 책임회피로 피해자가 된 사실들을 조명하면서도 국가가 어떻게 해야 하는지를 묻고 싶다.

그 당시 장래가 촉망되던 순수한 청년들이 비록 가난하고 힘없고 빽 없는 평범한 집안의 자식들이라고 하지만 국가의 명령에 꿈과 좌절 희망을 겪어면서 투철한 국가관 가족애 진정한 해병대 사랑. 전우애. 계급을 뛰어넘은 우정과 동지애 일과 사랑 이별의 아픔까지 다루고 있어서 이야기를 읽다보면 깊은 한숨과 함께 가슴 뭉클한 감동적인 사연들을 만나게 될 것이다.

차례

프롤로그
관점과 줄거리

이야기에 들어가면서

하나 – 망치로 다시 태어나다
둘 – 앞으로 우리가 해야 할 일
셋 – 마음을 추스리고

 **상권** 시작

첫째 마당 – 북방한계선(NLL)과 망치

01. 망치의 부활을 바라며   59
02. 소리 없는 전쟁이 치열하게 진행되고 있는 NLL   72
03. 북한의 신문고가 아니다   86
04. 전쟁발발이 항상 있다   91
05. 예비역 장군의 증언 1   97
06. 예비역 장군의 증언 2   99
07. 최후는 자폭요원   102
08. 망치는 잠이 오지 않는다   109

둘째 마당 – 나와 망치요원

01. 긴급상황   117
02. 우리의 존재가치   127
03. 우리의 슬픔   145
  하나. 영일만의 고혼(孤魂)……   145
  둘.   폭염 속에 지다   158
  셋.   전우   166
  넷.   두루마리 화장지   169
  다섯. 병사는 있지만 유령부대   172
  여섯. 망치가 되어   175
  일곱. 별을 헤던 밤   177
  여덟. 뒤바뀐 생과 사   179
  아홉. 칠포리 생존자   184
04. 병역 의무는 지켜야   200
05. 망치가 되어   205
06. 백령도는 무엇인가?   210
07. 보이는 것은 다 죽여라   213
08. 인간병기가 되다   222
09. "망치 동무들 어서 오시라요"   227
10. NLL는 죽음이 떠도는 곳   231

11. 천안함 폭침과 망치요원 234
12. '망치'와 '벌초'의 엇갈린 운명 246

셋째 마당 – 망치를 아십니까?

01. 역사 251
02. 탄생 255
03. 임무 258
04. 망치 이야기 1 263
05. 망치 이야기 2 267
06. 오해와 편견 278
07. 알 수 없는 이상한 체계 283
08. 휴가 길에서 287
09. 드러나는 진실 292
10. 드러난 진실 296
11. 밝혀진 진실 299
12. 메모 301
13. 어원 303
14. 망치의 오늘 305
15. 요원들이 겪는 트라우마 308
16. 누구를 위하여 종을 울렸나? 320
17. 그들은 왜 침묵하고 있을까? 326
18. 해병대 짜빈동 영웅들의 후예 망치요원 329

 시작

넷째 마당 – 해병대의 훈련

01. 신병 노영길 33
02. 특수 수색교육 36
03. 악명 높은 지옥 주 47
04. 전투 수영 57
05. 생식 주 – 수색교육의 피날레 63
06. 특수 수색교육의 기억들 65

다섯째 마당 – 망치 훈련

01. 1차 보수교육(일명 망치교육) 73
02. 악으로, 깡으로 … 78
03. 산악 구보 83
04. 비트 86

05. 픽업 89
06. 생존 수영 92
07. 접선과 이동 95
08. 폭파 100
09. 야간 이동 102
10. 보트가 산으로 간 까닭 105
11. 담력훈련 108
12. 밀봉교육 111
13. 관찰과 탐색 116
14. 인간 병기 117
15. 훈련의 악몽 119
16. 제24차 특수 수색교육 중에서 123

여섯째 마당 - 망치 작전

01. 표적 129
02. 자위(自慰) 133
03. 잔인하게 조련된 망치(8·12)요원 134
04. 봉화가 오르던 밤 138
05. 소름 돋던 밤 144
06. 국방부 시찰단 147
07. 특수 사격훈련 151
08. 또 하나의 적 - 기상 153
09. 비극 - 칠포 831 사건 뒷이야기 155

일곱째 마당 - 우리의 지휘관

01. 지휘관과 사병 179
02. 수색대장 홍 소령 184
03. 최장기 특수수색대장 189
04. 소대장 193
05. 우리 소대장 197

여덟째 마당 - 망치 동지들

01. 옛 수첩 속에 머물던 기억들 207
02. 망치 맞습니까? 209
03. 전우애 212
04. 동지들 214
05. 3대 독자 217

05. 자부심 227
06. 백령망치들 232
07. 아저씨들은 고양이처럼 왜 눈에 빛이 나지? 236
09. 망치 동지 회장 240
10. 외상 후스트레스를 털어낸 김 하사 242
11. 나의 동기 249
12. 비운의 해병 253
13. 나의 유일한 쫄따구 256
14. 공용수(空用手) 259
15. 진통제를 끼니처럼 262
16. 박수가 된 무일도사(無一道士) 266
17. 국립묘지와 무일도사(無一道士) 272

아홉째 마당 - 망치의 추억

01. 일과 277
02. 긴장과 낭만의 섬 백령도 280
03. 전설의 섬 백령도 283
04. 백령도의 추억 286
05. 백령도의 한가위 288
06. 망치의 추억 290
07. 어느 장교의 죽음 292
08. 연평도의 추억 295
09. "수류탄이 없습니다" 298
10. 똥 밟은 날 301
11. 위문공연과 여단장 304
12. 맥주와 소대장 310
13. 가고 싶었던 대민 지원 317
14. 갈매기는 무슨 맛일까? 320
15. 영원한 망치요원 323
16. 북한방송 326
17. NLL를 원칙대로 고수하라 331

에필로그

하나 - 에필로그 336
둘 - NLL의 잊혀진 망치작전 344
셋 - 추천사 350

해병대의 훈련

넷째 마당

1. 신병 노영길

1981년 11월 25일, 진해 해병 신병훈련소 6정문으로 들어섰다. 육중한 정문의 위엄이 나의 불안을 가중시키고 있다. 베일에 싸인 해병대 신병 훈련이 나의 영혼과 육체를 옥죄고 있다. 지금 와서 어쩌란 말인가. 몸으로 때우든 시간으로 때우든 국방부 시계가 빨리 돌아가기를 바랄 뿐. 그 때부터는 학생도 아니고 자연인도 아닌, 440기 신병 노영길로, 대한 해병으로 새로운 인생이 시작되고 있었다. 일반 징집병들이라면, 군 생활의 추억담도 간혹 술자리에서나 무용담으로 펼쳐놓으며 술판의 흥을 돋우는 정도의 안주거리로, 그저 젊은 시절 한때의 추억으로 기억되어질 수도 있다. 그러나 나와 해병 망치(8·12)요원 대다수는 평생을 화인처럼, 혹은 주홍글씨처럼 가슴에 안고 지낼 수밖에 없는 기억의 수렁으로 들어서는 순간이었다. 무엇이 우리를 평생의 수렁으로 내몰았단 말인가.

해병대 6주 기본 교육은 욕에서 시작하여 욕으로 채워져 있었다. 사회에서는 욕이라고 하면 부정적인 면으로 비춰지지만 해병대 교육의 욕은 인간의 최 밑바닥에 자리를 틀고 있는 악과 깡을 일깨우기 위한 정지작업의 일환이었다. 일개 평범한 일반인이 해병정신으로 무장되어 다시 태어나기 위한 고도의 훈련미학이었다. 입대하기 전 얼마간 마음의 준비는 되어있었지만 실전훈련인 해병대 교육은 녹록하지 않았다. 체력단련 훈련인 구보와 체조, 군인의 기초항목이라는 제식훈련, 총검술, 도열 등도 타군에서 상상할 수 없는 해병만이 가지는 독특한 훈련과정이었다고 생각한다. 진해훈련소에서의 교육을 마치면 포항 ○사단 교육대에서 후반기 4주 교육이 있다. 이 교육을 이수해야 비로소 자대 배치를 받아 붉은 바탕에 노란 글씨의 의미를 새기는 족보를 가진 귀신 잡는 해병이 된다.

82년 2월에 포항 ○사단 기습특공대대에 배치된 이후에는 상상을 초월하는 혹독한 훈련이 기다리고 있었다.

8·12요원, 속칭 망치부대원으로의 내 운명이 결정된 것은 82년 3월 10일부터 약 3주간 실시되었던 한미 합동훈련인 팀 스피리트 동계훈련 때문이었다. 팀 스피리트 훈련 중에 칠포 해수욕장에서 미군과 친선 씨름대회가 있었다. 미군 병사 중에 가장 힘이 세고 덩치가 좋은 유색인 병사를 가볍게 매다 꽂은 것이 지휘관들에게 '물건'으로 인식되는 계기로 작

용한 것 같았다. 합동훈련 후에 중대장이나 대대장이 수시로 나를 불러 하사관으로 '말뚝' 박을 것을 종용하였다. 그러나 나는 제대 후, 학업을 마치고 체육교사가 되는 꿈과 좋아하는 유도를 계속 하는 것 이외에는 전혀 관심이 없었다. 그해 4월, 이병 계급장을 단 채, 12주 일정인 해병 특수수색 교육을 받게 되었다. 해병 대원들 중에서도 강한 체력을 가진 병사들만 지원하거나 지휘관들이 선별하여 차출한다고 했다.

2. 특수 수색교육

제24차 특수수색교육은 ○사단 내 3개의 기습특공대대와 수색대 요원들 중에서 자원 입교나 강제 차출된 교육생들로 구성되었다.

제24차 특수수색교육에서 이병은 제외되었다 그러나 나는 운 좋게 차출되었다 북파특수공작훈련(망치교육)을 겸하여 요원 선발을 목적으로 운영되었다. 해병대는 매년마다 수온이 적당히 오르는 5~6월에 실시해왔던 특수수색교육을 제24차 때는 4월로 앞당겨 실시하였다. 그 이유는 이미 임지인 백령도, 연평도에 파견된 망치 1차 요원들의 교대 병력을 선발하기 위한 조치였으며, 망치요원 선발이라는 목적에 걸맞게 이전 어느 특수수색교육보다 강도를 높여 가혹하게 진행되었다.

하루가 일 년 같은 지긋지긋한 제24차 특수 수색교육(망치교육)이 시작되었다.

"오늘도 기어요. 포항의 시궁창 약전의 방파제는 울고 있어요."

오늘은 다이빙, 내일은 수중결색. 해상에서 계속되는 훈련으로 교육생들은 진저리를 친다.

육지로 올라온 교육생들에게 보트를 군용트럭에 메달아 고무보트 헤드 케리어, 전우가 넘어지고 피가 터져 질질 끌려가면 서로가 부둥켜안고 격려하며 이 악물고 뛰어야만 했다. 산악을 뛰다가 정신을 놓은 전우는 온 몸이 풀어져 히죽 히죽 웃고 있었지만 그 전우와 생사고락을 함께 해야만 하는 북파특수교육생들의 몸에도 피땀이 흐르고, 눈물이 솟구친다.

지옥 주 휜 수영을 하는 동안 가혹하게 가해지던 교관들의 매타작도 영원토록 잊을 수 없고 고통을 피할 수 없다면 즐겨라.!

지옥을 체험한 자만이 고통을 이기고 생존 한다. 낙오는 곧 죽음이다. '전쟁은 생존하는 것이 이기는 것이다.' 는 훈시를 듣고 교육은 시작되었다.

특수 수색교육은 구보로 시작되었다. 도구해안을 왕복하고도, 도구 시내를 뺑뺑이 돌았다. 정말 입안에서 단내가 나는 구보였다. 대대에서 온 교육생 중에서도 가장 '쫄따구'인 나는 쉴 새 없이 계속되는 훈련과 고참들의 뒤치다꺼리에 눈썹이 휘날리도록 뛰었지만 매번 고참들의 지적을 받곤 했다. 그때는 몰랐지만 후에 내가 고참이 되었을 때 '군대는 나이순이 아니라 짬밥순이구나' 하는 도리를 깨우쳤다. 연일 계속되는 훈련에 힘이 부치기도 했지만 이를 악물고 따라붙었다. 전 대원이 힘들어했다. 턱까지 차오르는 숨을 고를 수조차 없었다. 해병대의 대표 사가인 해병대 「곤조가」를 악악 따라 부르면서.

흘러가는 물결 그늘 아래
편지를 띄우고
흘러가는 물결 그늘 아래
춤을 춥니다.

처녀 열아홉 살 아름다운
꿈 속의 아이 러브 유
라이라이라이라이 차차차
라이라이라이라이 차차차

당신만을 그리면서 키스를 하고요
당신만을 그리면서 춤을 춥니다.
오늘은 어디가서 깽판을 놓고

내일은 어디가서 신세를 지나

우리는 해병대
알오케이엠시
리빠빠리빠 리빠빠리빠
때리고 부수고 마시고 조져라
리빠빠리빠 리빠빠리빠.

해병대 교육 중에서 가장 힘든 훈련이 특수 수색교육이라고 하는데 정말 그 이름에 걸맞게 좆뺑이 치는 훈련이었다. 아니 훈련이 아니라 지옥체험이라고 할 만큼 혹독한 고문이었다. 이렇게 단련된 무쇠덩어리 같은 해병정신으로 무엇인들 못할까. 그때는 하늘 무서운 줄 모를 만큼 간덩이가 부풀어 올랐다.

특수 수색교육은 전 교육생의 진을 빼놓았다. 처음엔 중구난방인 것 같던 훈련병들도 교관들의 닦달 속에 2주 동안 기초체력을 위주로 해안구보와 산악구보를 하다보면 저절로 대오도 잘 갖춰지게 되고 정신적으로 무장이 된다. 간혹 선착순에 뺑뺑이를 돌다보면 체력이 약한 대원들은 무릎뼈나 인대, 종아리 근육경련 등 체력 저조로 10%에 달하는 병사들이 탈락하게 된다. 3주부터 IBS 훈련, 즉 해병 훈련의 꽃으로 불리는 고무보트 훈련이 시작됐다. 바야흐로 해병대 수색교육이 시작된다. 그 지

전설의 해병대 망치

겨운 고무보트가 전시에는 특수 수색대원의 유일한 생명선이기 때문에 어떻든 익숙해져야만 한다. 전시에는 유일한 생명선이라기보다는 바로 생명이다.

"3팀 입수."

입수하자마자 교관단 물세례가 시작된다.

"이 새끼들 동작 봐라."

교육생들은 눈을 감고 물을 맞는다. 해병은 반드시 물과 친숙해야만 한다.

"내가 한 번이라도 더 빡세게 굴릴수록 전시에 여러분들의 생존확률이 그만큼 높아진다. 강한 해병만이 작전 성과도 좋고, 그만큼 생존 확률도 높은 법이다. 견디기 힘든 고통이 와도 여러분들은 교관단들에게 감사하는 마음으로 극복하기 바란다."

교관들은 생색내듯 이야기 하고, 그 말이 지당하신 말씀이라 하더라도 피교육생의 입장에서는 하루가 십 년, 백 년 같기만 하고, 매 순간이 지옥이다.

거꾸로 매달아도 국방부 시계는 달린다고 하지 않는가.

교육생들은 국방부의 시계 바늘도 부디 함께 구보해주기를 간절히 바란다. 본격적으로 페달링(노젓기 훈련.)과 모터링(보트에 모터를 장착하여 운항하는 기습 상륙 훈련.)이 시작된다. 본격 수색교육의 시작이라 이 때 교관단의 얼차려와 온갖 기합이 집중된다. 곧이어 닥칠 지옥 주를 대비하여 강하게 정신무장을 시켜야 하기 때문이다.

이 기간 동안 퇴교당하거나 훈련 후유증으로 고생하는 대원들도 제법 많이 발생한다. 목이 부러질 만큼 고통스럽게 메고 다니는 교육생들의 보트를 조교들은 흔들고 차고 뒤집는다. 보트를 메고 시궁창과 진흙탕을 구르는 동안 보트에는 온갖 오염물질이 엉겨 붙어 천근만근이다. 이때도 많은 교육생들이 부상을 당하고 장애우도 수시로 발생한다. 해병 하사관 154기 정 아무개 하사는 그 후유증으로 척추 장애인이 되었다고 한다. IBS 교육 중에는 라이프 재킷(구명조끼)과 페달(노)을 나누어 준다. 경험 있는 고참들은 미리 알고 물이 먹지 않은 재킷을 선택하지만 쫄병들은 선택의 여지도 없다. 신참병들은 물먹은 재킷을 입고 훈련을 하다보면 힘이 배로 들어서, 그야말로 악바리 근성이 자라게 된다. 재킷과 페달은 여러 차수 사용하다보니 손상이 갈 수밖에 없어서 잘못 만나면 헤어져 물먹은 재킷을 만나기 십상이다. 그야말로 재수에 옴 붙은 격이 된다.

전설의 해병대 망치

총기 대신 페달을 사용해서 훈련하는데 시간이 지나면 그 페달이 단순한 노만이 아니라는 것을 깨닫게 된다. 침투 훈련 시에는 총기로 사용하고 심지어는 식기로도 사용하게 된다. 가끔은 페달을 분실하는 일도 발생한다. 페달도 엄연히 병기인 것을. 병기를 분실한 교육생을 그냥 둘리 만무하다. 군인에게 병기는 생명이 아닌가. 특별 얼차려가 기다린다. 모든 교육과정은 철저하게 점수로 산정하는 데, 훈련점수가 저조한 교육생들은 따로 모아 특별 교육이 주어진다. 주말이 되면 선착순에, 해안 포복, 똥 먹고, 똥물에 목욕하는 경험도 하게 된다. 피부가 민감하거나 약한 체질의 교육생들은 이때 오른 똥독 때문에 오랫동안 고생을 하기도 한다. 말이 똥독이지 한번 걸리게 되면 피부가 다 헐고 걸음걸이는 물론 가려워서 좀처럼 잠을 이루기 어렵다. 동료들 중에는 똥독 때문에 고생하는 것을 많이 보았다.

해병대의 선착순은 독특하다. 모든 훈련의 절반이 선착순이라고 해도 과언이 아니다. 어느 지점에서 돌아 했다가 교관 마음에 안 들면 출발지에서 다시 돌아 선착순은 기본이고, 고무보트를 머리에 이고 목표지점 다시 도는 선착순도 그저 평범한 정도에 불과하다. 바다 한가운데에서 확성기로 저기 보이는 무슨 바위까지 선착순 3팀, 등수에 들지 못한 팀은 과실점이라고 하면 교육생들은 그야말로 사력을 다해 뛴다. 보트를 메고 오리걸음 선착순에, 낮은 포복 선착순 따위가 해병대만의 독특한 선착순이다.

고무보트 훈련 중 죽어라 페달링을 하고 돌아왔는데, 선착순에 끼지 못하고 늦게 도착한 교육생들이 얼차려로 원핑 덤핑(warping dumping = IBS 훈련 중 해안 침투 등을 하다가 적에게 노출될 경우를 대비한 훈련으로, 고무보트를 뒤집어서 보트 내에 연결된 밧줄을 의지하여 버티는 생존 훈련.) 등 고된 기합을 받는다. 그 모습을 바라보는 열외 교육생들도 마음이 편치 않기는 마찬가지다. 얼차려를 마치고 나면 후줄근한 모습으로 가쁜 숨을 몰아쉬고 있는 교육생들을 백사장에 집합시킨다.

"좌우로 정렬, 어깨동무 실시."

"반동은 좌에서 우로, 반동 간에 군가 한다. 군가는 「묵사발 가」으아 뚤쎄 넷."

저 넓은 바다 한가운데 우뚝 서 있는
그 사람은 누구인가 해병대라네.
해병대 가는 곳에 묵사발 있고,
해병대 가는 곳에 승리 기다린다.
고무보트 둘러매고 어디로 가나~~
성난 파도 넘고 넘어 수색하러 가지~~.

교육생들은 구호와 복창으로 이미 꽉 막혀버린 목구멍으로 노래를 끌어

전설의 해병대 망치

내느라 필사적이다. 목에는 금방이라도 터져버릴 듯이 핏대가 솟고 얼굴은 붉어진다.

좋은 보트를 배정 받는 것은 선착순에 낄 확률이 그만큼 높다. 그야말로 복불복(福不福)이다. IBS교육 전에 보트를 연병장에 1열로 배치해놓고 팀장들을 선착순 시켜서 보트를 고르게 한다. 아무리 계급장 떼고 하는 훈련이라 하더라도, 고참 팀장 눈치 보는 일은 당연한 것, 쫄따구 팀장의 팀원들에게 질 나쁜 보트가 배정될 확률이 그만큼 높다. 그러니까 아무리 열성적으로 훈련에 임해도 과실점 받는 팀은 대체로 계속 받게 되기 마련이다. 그래서 쫄병으로, 쫄따구 팀장과 함께 특수 수색교육을 받은 교육생들은 악바리 근성이 더 생길 수밖에 없다.

훈련 중에 교관 눈에 조금이라도 거슬리면,

교　관 : "야 24차."
교육생 : "악."
교　관 : "꼬나 박아."
교육생 : "악."

교육중인 해병은 '예' 라고 답하지 않는다. '악' 이다. 악으로, 깡으로 어떤 어려움이 닥치더라도 끝끝내 버티어 내고 이겨내겠다는 각오의 답변이다. 해병대에서도 장교, 부사관, 병들이 똑 같이 꼬나 박는 경우는 수색교육 중에만 볼 수 있는 진풍경이 아닌가 싶다.

수색교육은 장교, 부사관, 사병들이 동등한 조건에서 이루어진다. 교육생 번호 배정은 장교와 고참 하사관, 고참 사병 순으로 배정되는데 교육을 받다보면 누가 장교인지 사병인지 분간을 해야 할 이유도 없고 특별히 중요하지도 않다. 각자에게 주어진 번호가 호칭이고 훈련에 적응을 잘하는 교육생만이 중요할 따름이다. 그러므로 장교라고 열외 시키거나 사병이라 해서 불이익을 주고 퇴교 시키는 일은 있을 수도 없다. 오로지 교육 성적만 중시한다.

해병대 특수 수색대원은 팀워크를 생명이라 여기며 이를 매우 중요시한다. 그래서 교육단계에서부터 팀워크 중심으로 모든 훈련을 집중한다. 팀 구성원 사이의 호흡은 그만큼 중요하다. 얼마 전 MBC 촬영진이 다큐멘터리「아마존 강」촬영 시 급류에서 배가 전복하여 한 명의 PD가 뒤집어진 배 안에서 용골대를 밟고 버티면서 5분간 숨을 참아내고 살아나오는 그런 장면을 회상해 보면 이해가 빠르다. 원핑 덤핑 때에도 이 호흡이 매우 중요하다. 일사분란하게 보트를 뒤집고 보트 안 좁은 공간에서 은폐해 있어야 하기 때문이다. 팀원 모두가 들어가기에는 너무 협소한 공간이지만 교육생들은 그곳에서 짧은 시간이 천국처럼 아늑하다. 교관과 조교들이 뒤집힌 보트 위에 올라타서 밟고 구르기를 해도 빰을 보트

전설의 해병대 망치

안쪽에 바짝 대고 호흡하는 동안 잠시나마 평온을 느낀다. 궁즉통(窮則通)이라고 아무리 열악한 악조건에서도 우리 인간은 스스로 평온을 찾는가 보다. 오랫동안 지속되는 평온보다도 고된 훈련의 궁한 순간순간에 만끽하는 평온이 더 깊은 맛이 있는 법이다. 겉으로는 '악으로 깡으로'를 외치면서도 마음 속 깊은 곳에서는 인간 순수의 평안함을 찾는 것은 모든 사람들의 인지상정이다 보니 이중적인 모습으로 삶을 사는 것이 인간인가 보다. 뒤집힌 보트 안에서 한정된 공기를 함께 호흡하는 동안 전우애도 더욱 깊어진다.

이 훈련 초기에는 교육생들 모두 바닷물을 엄청 많이 마시게 된다. 훈련을 반복하면서 덜 마시는 요령도 터득하게 된다. 좁은 보트 안에서 팀원들 모두가 버티다 보면 산소가 부족하게 된다. 그럴 때 보트를 슬그머니 들어서 산소를 좀 확보하려 하면 눈치 9단인 교관들 그냥 넘어가겠는가. 여지없이 밟아버린다. 팀장이 나쁜 보트를 배정 받으면 훈련 내내 팀원들은 고생이다. 그러나 아무리 열악한 조건에서라도 극복하고 성취하는 것, 안 되면 되게 하는 것이 대한민국 해병정신이다.

3. 악명 높은 지옥 주

"우리는 죽어 천당으로 간다. 지옥에서 살았으므로."

수색교육 중 4주째는 해병대에서도 가장 가혹하다는 극기 주, 일명 지옥 주 훈련이 시작된다.

1주일을 잠 안 자고 꼬박 새우며 군화조차 벗지 못하는 악명 높은 지옥 주.

0시.
사이렌 소리와 확성기 소리.
조교들의 몽둥이세례.
모두를 어리둥절하게 하는 선착순.
팬티만 입고 집합, 양말 신고 다시 집합, 바지 입고 다시 집합, 뭐하고 집합 또 뭐하고 집합.

교육생들은 혼비백산하여 얼이 반쯤 빠지게 된다. 교육 준비를 마치고 나면 도구 해안에서 훈련을 무사히 마치게 해달라고 고사를 지내는데, 꼭 우리대원들 제사를 지내는 기분이 든다.

"24차 지옥 주 아무 사고 없이 마치게 해 주십시오. 용왕님."

교육생들 사이에서는 신음과 장탄식이 새어나오기도 한다. 라이프 재킷을 잘 못 만나면 고생이 배가 되는 것은 두말 할 나위도 없다. 한 주일 내내 시궁창에서 뒹굴어야 하는데, 잘못 배정 받은 라이프 재킷은 물이 스며들면 탈수가 되지 않아서 선착순이나 이동 시 엄청난 체력소모는 물론이고, 하수구와 시궁창을 구르는 동안 온갖 오염 물질이 엉겨 붙어 불쾌감을 초래하게 된다. 그러나 그런 불편한 장비들도 몇 차례 선착순을 돌며 이리저리 구르다 보면 본인에게 맞춰진다. 불편함도 훈련에 집중함으로써 극복된다.

몸에 맞추는 것이 아니라 정신없이 훈련에 임하다 보면 몸이 자연스럽게 옷에 맞추어 진다. '안 되면 되게 하라.'가 진정한 해병 혼이 깃든 해병정신이다. 앞뒤가 맞지 않은 논리이지만 우리해병은 그것을 당연스럽게 받아드린다.

시궁창과 논두렁에 몇 차례 처박히고 나면 진흙이며 온갖 오물들이 온 몸에 스며들어 꼭 바지에 똥을 싼 기분이 들기도 한다. 보트를 머리에 이고 논두렁을 걷다가 갑자기 논바닥으로 뛰어 들어가서 보트를 뒤집고 포복으로 먼 거리를 돌파하는 훈련. 잠시 동안에라도 논 몇 마지기 정도는 훈련생의 몸으로 갈아엎어 농사를 지을 수 있을 정도로 굴리며 교육을 하기도 한다. 지금도 가끔 논길을 지나칠 때마다 그 기억이 떠오른다. 그 생각이 나면 괜스레 실없는 웃음이 나온다. 실성한 사람 같이. 논바닥에 얼굴을 박고 고향생각 하며 박박 기던 그때를.

성급한 봄꽃들은 벌써 자취를 감추었는데도 새벽공기는 왜 그리도 차던지. 보트를 이고 포항 시내를 비롯해서, 여러 지역을 돌고 돌아 도구 해안에서의 새벽 세면은 바닷물 세수다. 즉, 바닷가에 들어가 교육생들과 어깨를 나란히 하고, 앞으로 취침, 뒤로 취침하는 것으로 세수를 때우는데, 뼈 속까지 스며드는 차가운 바닷물 속에서도 졸음이 쏟아진다.

새벽 바다에서 동이 트는 하늘을 보면서 웅비하는 설레임은 온 데 간 데 없고 눈 한 번 붙이지 못하고 한 주일을 버티어 낸 일이 까마득하게 여겨진다. 인간은 망각의 동물인가 보다. 오물과 땀에 범벅이 된 옷이나 군화는 벗을 수도 없어서 마를 틈이 없고, 온 몸은 물에 붇고 오물에 절어 흥건하다. 그 기간 동안은 시궁창과 하수도를 참 많이도 기었다. 오죽하면 이런 말이 다 생겼을까.

전설의 해병대 망치

해병 사가 「시궁창가」

포항의 시궁창과 하수구는 우리해병이 책임진다.

길고 긴 시궁창을 정신없이 헤매어 봐도
내 마음에 드는 시궁창은 죽도뿐이다.
죽음이 다가와도 나는 좋아,
보트 타고 페달링 하며 살아가리라.
깡다구와 의리 속에 해병은 살아간다.

요즘 해병대 후배들의 훈련을 담은 동영상을 보면 지옥 주도 4박 5일로 줄어있는데, 우리 때는 5박 6일이었다. 날밤으로 버티어야 하는데 마지막 하루가 어딘가. 지옥 주 기간에는 하루가 1년보다 길게 느껴진다.

IBS훈련도 지금처럼 소형이 아닌 150kg의 대형 보트로 팀원이 13명이었다. 밀려오는 어둠과 추위에 허덕이며 꼬박 뜬눈으로 잠시의 휴식도 허락되지 않는 5박 6일을 견디고 나면 그 성취감은 이루 말할 수 없이 큰 것이었다. 정말 인간능력의 한계는 어디까지인가. 보람찬 하루가 끝나 가면 기쁜 마음이 솟구치듯 보람찬 지옥 주가 막바지에 이르면 슬픔과 기쁨의 희비쌍곡선은 해보지 않은 사람은 느낄 수 없는 묘한 느낌이다. 이 순간이 계속 지속되었으면 하는 바람과 함께. 이 훈련 후 앞으로 닥칠 지옥 주보다 더한 혹독한 망치훈련이 대기하고 있는 줄도 모르고. 그 기간 동안은, 목이 부러져라 늘 머리에 얹고 다녔던 고무보트의 엄청난 중량감보다, 쏟아지는 잠을 참아내느라 기를 쓰고 밀어 올렸던 눈꺼풀이 더 무거웠던 것으로 기억된다.

지금도 해병대의 고전으로 이어지고 있는 문장들.

"해병은 무에서 유를 창조한다."거나, "해병은 태어나는 것이 아니라 만들어지는 것이다."라는 말들은 그런 극한적인 교육을 경험해 본 사람만이 제대로 실감할 수 있지 않을까.

시궁창과 모래사장을 구르다 보면 군복은 넝마처럼 너덜해지고 온 몸은 후줄근해지지만 주변의 눈총을 의식할 여력이 없다. 오로지 내 힘으로 극복해야 할 일이다.

교관의 명령, 팀원 간의 호흡에 온 신경이 집중될 뿐이다. 무기나 장비 문제로 패하는 전투는 없고, 정신력과 체력만이 전쟁의 승패를 좌우한다는 말로 강한 정신력을 부추기는 수색대장의 훈시 속에 교육생들은 전열을 가다듬고 안간힘을 쓴다. 보트를 메고 가다가 오폐수가 흐르는 시궁창을 발견하면 그곳이 교육장이 되고, 우리는 즉시 입수를 명받는다. 죽은 쥐와 고양이, 개의 사체들이 떠 있는, 온갖 악취로 진동하는 그 물에서 구르는 동안 교관단은 삽과 페달로 수시로 그 더럽고 불쾌한 물맛을 선사한다. 먼저 통과한 교육생들에게도 잠시의 휴식조차 허락되지 않는다. 다음 교육생들이 다 나올 때까지 스크럼을 짜고 군가를 부르다 앉아 일어나기를 반복시키며 저 체온증을 이겨내게 한다.

사단 내 포항병원 옆에 방죽이 하나 있었다. 그곳도 교육생들에게는 또 하나의 특별 교육장이다. 온갖 포항병원 쓰레기는 모두 그곳에 갖다 버리는지 피고름이 밴 붕대와 거즈, 다 떨어진 환자복 등으로 늘 오염되어 있었고, 악취가 진동을 했다. 교관들은 그곳에 교육생들을 입수시켜 초과호흡(무호흡 상태로 수중은닉을 하다가 물을 찔끔 들이키면 5~10초간 무호흡 기간이 연장된다.) 교육을 실시한다. 어쩌다 고개를 들면 여지없이 교관들의 페달이 춤을 춘다. 그 불쾌한 물맛을 보지 않을 도리가 없게 된다. 요령껏 조금씩만 마시는 게 몸에도 이로울 터였다. 그곳에 들어갔다 나왔을 때에는 차라리 똥물이 그리웠다. '실전을 방불케 하는 훈련이야말로 적지에서 여러분의 목숨과 생명을 지켜낼 수 있는 유일한 방책'이라는 교관들의 반복되는 훈시와 함께 똥물과 시궁창을 구르며 수시로 가해지는 교관들의 매타작.

교육생들의 모습은 이미 인간이 아니다. 인간으로서의 권위나 존엄성은 교관이 쥐고 있는 페달과 삽자루와 몽둥이에 의해 진작 무장해제 당하고 말았다.

빳다도 아구창도 나 홀로 씹어 삼키며

시궁창하고 화장터를 누비고 다녀도

사랑에는 마음 약한 의리의 사나이.

난폭한 해병이라 욕하지 말라~

오늘도 고무보트에 목숨을 바친

이름 모를 영웅들을 알아줄 날 있으리라.

「맨발의 청춘」의 가사를 바꾸어 부르는 **「빳다가」**다. 노래를 부르는 것이 아니라 설움이 북받쳐 좇같다고 '악으로, 깡으로' 항의하는 읍소에 가까운 하소연이다. 조금은 우리의 마음을 알아달라고. 그즈음부터 교육생들에게는 해병 혼이 담기고 전우애와 팀워크가 형성되어 가기 시작한다.

형산강 다리 위에서 수직 강하 훈련도 한다. 교육생들의 안전을 위해서 교관들이 수중과 주변 점검을 완벽하게 한 후에 교육이 시작되지만 당시 형산강은 온갖 가축들의 사체를 비롯하여 생활하수로 넘쳐나던 시궁창에 불과했다.

교육대장이 나선다.

"다시 한 번 노파심에서 주문하는데, 아래는 내려다보지 말고 자세 똑바로 취해서 절대로 가슴으로 떨어지면 안 된다. 알았나? 가슴으로 떨어지는 경우 폐 파열로 고향으로 돌아가지 못하고 북망산천으로 가게 된다. 명심해라 알겠나?"

"악."
"강하."
"자세 안 나온다."
"27번 교육생 다시 강하 준비!"
"65번 교육생 입수 준비 끝."
"맞은 편 굴뚝이 보이나?"
"악."
"뛸 자신 있나?"
"악"
"누가 제일 생각나나."
"포항역 앞 중앙대의 그녀가 생각납니다."
"그녀의 품에 안긴다고 생각하고 뛰어라!"
"악, 65번 교육생 입수."
"75번 교육생. 준비 됐나?"
"악, 75번 교육생 이함 준비 끝"
"뭐? 이함이 아니라 입수다. 알았나?"
"악, 입수준비 끝."

팀원 중에 퍼진 대원이 있으면 보트에 올려서 태우고 간다. 행군이던 선착순이던 생사고락을 함께 하라는 뜻이다.

한 번은 우리 팀에 제법 덩치가 큰 교육생이 있었는데. 사타구니가 모래에 쓸려서 그 자리에 똥독이 올라 걸을 수조차 없게 되자. 보트에 올려놓고 다녔다. 당연히 선착순에 꼴지를 도맡아 하니 팀원들 간에도 미운털이 박혔었다.

그 교육생의 심정은 어땠을까?

사타구니에 살집이 파이고 그 주변은 퉁퉁 부어있어서 거동도 제대로 할 수가 없었다. 동료들은 퇴교를 종용했지만 끝까지 버텨내어 8·12요원으로까지 선발되었다.

그는 그때 이미 해병 혼과 기질을 터득해있었나 보다.

30여 년이 지난 지금 이 글을 쓰면서 그때의 악명 높은 지옥 주가 나의 뇌리를 떠나지 않는 것을 보니 지옥 주가 이름에 걸맞게 지옥은 지옥인가 보다. 나는 가끔 나이가 들면서 가위가 눌리며 그때의 지옥훈련과 생사의 경계선을 넘나들며 긴장 속에 행해진 작전상황에 벌떡벌떡 일어나곤 한다. 생시에도 훈련상황이 잔상에 떠올라 내 시야를 가린다. 나이가 들면서 마음이 약해져서 일까. 이런 고민을 하면서 우리요원 동료들에게 하소연을 해 보니 그들도 나와 같은 고민을 하고 있었다. 그때는 그러려니 하고 지내온 세월이지만 내 잠재의식 속에서만 간직하기가 버거운 탓인지 부쩍 나의 일상생활을 괴롭힌다. 잊어야지 하면서 스스로 위로를 해 보지만 나와 내 동료들의 일상사를 접하는 시간이 잦아지면서 점점 부담감으로 다가오고 있다. 어디에다 속 시원히 하소연 할 때라도 있었으면…….

4. 전투 수영

P.T훈련부터 시작되는 「해병 특수 수색교육대」라는 군가도 있다.
P.T체조도 지옥 주의 절정이다. 지겹도록 한다. 체력훈련에 P.T체조만한 게 또 있을까. 전신운동으로 온몸 근육 강화하는 데는 단연 으뜸이리라. 지옥 주 때는 P.T체조도 아침 먹고 한 번, 점심 먹고 한 번, 회당 1시간씩 하는데, 어떤 때는 아예 팔 벌려 높이뛰기를 해질 때까지 혹은 해 뜰 때까지 하기도 한다.

지옥 주를 돌이켜 보면 졸음과 허기의 기억뿐이다. 한 날은 하도 배가 고파서 한물이 간 전어 한 마리를 허겁지겁 주워 먹었다가 식중독에 걸려 발열과 발진으로 며칠 고생을 한 적이 있다. 그래도 퇴교가 두려워 발병 사실을 숨기며 악착같이 훈련에 임했다. 훈련을 마치고 이미 바닥이 난 체력을 수면으로라도 보충해야 하는데 잠은 재우지도 않고, 열은 오르고 전신이 가렵고 욱신거린다. 금방이라도 돌아버릴 지경으로 머리속은 혼란스럽다.

그 시기의 교육생들 몸뚱이는 사람이라기보다는 하나의 오물 덩어리에 불과하다. 교육생들 모두는 오물덩어리 집단이나 다름없다. 전 교육생들의 몸에서 퀴퀴한 악취가 진동을 하지만 교육생들의 코는 너나 할 것 없이 후각 감지기능을 이미 상실한, 그저 얼굴에 붙어 있는 장식품에 불과한 기관일 뿐이다. 내 몸에서 풍기는 악취가 바로 옆 교육생의 냄새며, 그 교육생의 냄새 또한 집단 모두의 냄새다.

고통스러운 5박 6일의 극기 주(지옥 주) 훈련을 마치고 나면 교육생들의 군장은 오물과 때, 그리고 소금기로 범벅이 되어 있고, 군장과 몸이 어느새 엉겨 붙어 몸과 일체가 되어 있다. 바다와 모래사장, 그리고 시궁창과 논바닥을 뒹구는 동안 한 번도 몸에서 떼어본 일이 없는 군복과 군화를 벗으면 온몸은 멍과 피범벅이 되어 있고, 발에는 물집과 상처로 성한 교육생이 없다. 내 몸이 낯설고 한없이 측은하게만 느껴진다. 지옥 주를 마치고 넝마로 변한 군복과 군화를 벗을 때는 하늘을 나는 듯한 기분을 느끼게 된다. 넝마로 변한 군복에 오물과 소금기가 엉겨 붙어 윤기가 난다. 오히려 이 옷에 더 정겨운 마음이 든다.

이때에도 진풍경이 벌어진다. 너덜해진 군복을 벗어던지고 나서 칼로 군화 끈을 잘라 엉겨 붙은 군화와 양말을 해체하고 난 후 세숫대야에 빨간 약을 붓고 소위 빨간약 샤워라는 것을 한다. 멍과 피범벅이 된 몸과 발에 소독과 치료를 겸한다. 눈 한 번 붙이지 못하고 날밤을 새우면서 훈련에 훈련만을 거듭해온 교육생들의 체력은 지옥 주를 마치고 나면 완전히 바닥을 드러내게 된다. 바닥난 체력을 회복시키기 위해 수색교육 기간 중 유일하게 이틀간 실내 교육인 스쿠버 이론 강의가 있다.

그 후에는 맥주병도 뜨게 하는 4주 전투수영 훈련이 기다린다. 수영능력이 있는 교육생과 물에 뜨는 정도의 교육생 그리고 소위 맥주병인 잠수함들을 A B C 등급으로 나누어 전 대원이 12km 원영을 완주할 능력을 갖출 수 있을 때까지 반복에 반복 교육을 한다. 전투 수영은 평형을 중점으로 교육하는 데 B, C등급들은 따로 백사장에 집합시킨 후에 모래를 쓸어 모아 가슴에 대고 자세 교정을 집중한다. 5월의 바닷물은 무척 차갑지만, 햇살에 달구어진 모래사장에서 몇 시간씩 집중되는 교육도 그야말로 죽을 맛이다. 수중공포증이 있는 교육생들은 교관들이 눈 여겨 보았다가 물에 대한 공포가 사라질 때까지 계속 물에 담그면서 바닷물을 먹인다. 바닷물 몇 모금 마신다고 죽지 않는다는 것을 인지시켜 바다와 물에 대한 두려움을 없애주기 위한 처방이다. 교관들의 교육 자체가 그들 또한 피교육자로서 특수수색 교육을 이수하며 체득한 경험에서 비롯되었다.

수중공포증이 있는 교육생들은 지옥을 경험하게 된다. 안 되면 될 때까지 요령은 절대로 통하지 않는다.

몇 시간씩 물에서 견디다 보면 저 체온증으로 실신하여 퇴교당하는 교육생들도 생긴다. 특수 수색교육은 어느 것 하나 만만하거나 대충 넘어갈 수 있는 과정이 없다. 이런 강도 높은 교육을 통하여 해병 혼을 심고, 교육생들을 최강의 특수 수색대원으로 길러낸다.

원영 첫 평가는 약전방파제에서 교육대까지 2㎞ 거리로 이루어진다. 수영 평가 전에 약 4㎞의 구보로 준비 운동을 하고 수영을 시작한다. 물에 들어선 이후 목적지에 도착해서 발가락이 지면에 닿을 때의 그 기분은 상상을 초월할 정도다. 전투수영은 말 그대로 지구력과 투지다. 수영도 선착순임은 말할 나위가 없다. 고무보트 선착순 때와 마찬가지로 선두에 들어온 교육생들은 식판에 푸짐한 밥과 반찬을 얹어놓고 여유로운 식사를 즐길 수 있지만, 하위 그룹들은 얼차려에 고무보트를 메고 페달에 얹어주는 밥을 먹거나 그나마 최하위 그룹은 성적 좋은 교육생들에게 한 숟가락 씩 구걸하여 먹게 한다. 자존심을 뭉개서라도 좋은 성적을 내도록 유도한다. 점심을 마치고 난 후 교육생들 성적이 대체로 좋거나 해서 교관이 흡족하면,

"24차."

"악."

"전원 취침."

그 짧은 취침은 또 얼마나 꿀맛이었던지 거짓말 안 보태고 1초 만에 잠드는 교육생들이 대다수다. 이때도 퇴교생들이 많이 발생하게 되는데, 그 때문인지 교육대로 귀대하면 서로 말을 아끼게 된다. 평형의 기본이 발차기인데 오랜 발차기 때문에 가랑이쪽 뼈가 탈골되어 퇴교하는 교육생도 있었다. 전투수영은 밤낮을 가리지 않는다. 작전 시 원영 침투는 주간보다 야간이 훨씬 효율적이기 때문에 야간에도 집중 조련한다. 교육대에서 별미로 라면을 주는데, 바로 야간 수영훈련을 마치고 밤 10경에 배식한다. 면발은 퉁퉁 불어 모양새는 별로지만 그 맛만큼은 진짜 꿀맛이었다. 지금도 잊을 수 없다.

오전에 400m 7바퀴를 돌고 나면 식사 등으로 한 시간 휴식, 그리고 오후에 다시 7바퀴 야간 수영까지 마치고 난 후에도, 각 팀별로 수영 능력이 떨어지는 대원들을 추려내어 자체 교육을 시킨다. 타 팀에 지지 않기 위한 일이다. 12km 원영 평가를 할 때는 배를 타고 해안에서 수평선까지 나가 선상에서 입수한다. 해군들이 미쳤다고 수군거리는 것을 들었던 기억이 있다. 스쿠버교육 중에는 지급되는 슈트도 엉망이다. 다 떨어지고, 지퍼도 안 되는 상의만 지급 받는다. 불평이 있을 수 없다. 실무 때에는 제대로 된 장비가 보급되지만.

"교육생 놈들이 레저 왔냐? 짜슥들, 몸에 옷을 맞출 생각 말고 옷에 몸을 맞춰서 대충 입어."

수중 통신도 배운다. 이하 해병대 대외비다.

교　　관 : "노래 한 곡 부른다, 실시."
교육생 : 「학교종이 땡땡땡 어서 모이자」
교　　관 : "어쭈 박을래, 가요 부를래?"
교육생 : 「울려고, 내가 왔나~ 」

5. 생식 주 – 수색교육의 피날레

전투 수영이 끝나면 적지에서의 조난 등에 대비한 생식 주 훈련을 한다. 생식 주 기간은 배낭에 30kg의 모래를 넣고 교육생들을 산에 풀어놓는다. 이 기간 동안에 독도법을 기초로 해서 고립된 야생에서의 은신, 극기, 귀환훈련을 집중적으로 한다. 교관단의 명령에 따라 신속하게 목표 지점으로 이동해 산악침투 기동을 통해 본격적인 산악 종합훈련을 실시한다. 험준한 산악지형에서 교육생들은 산악수색, 매복 및 정찰, 습격, 암벽레펠 등, 산악작전 중 발생할 수 있는 다양한 상황을 예측, 대처 가능한 훈련을 한다. 극단적인 상황 속에서도 부여된 임무를 완수하고 생존, 귀환할 수 있게 하는 훈련이다.

산과 산 사이를 이동해야 하는 개활지 통과 훈련 때는 무거운 군장을 하고 발바닥에 땀이 나도록 뛰어야 한다. 개활지 이동 시 대원들은 완전히 적에게 노출되기 때문에 신속하게 이동해야만 생존할 수 있다. 이때 주변에 있는 동료들이 엄호사격으로 적들의 시선을 교란한다. 개활지를 통과한 대원들도 마찬가지로 다른 대원들이 무사히 통과할 수 있게 엄호사격으로 보호해야 한다. 그 기간은 말 그대로 생식주이므로 식량이 제공되지 않는다. 산에서 발견되는 뱀, 개구리, 벌레 먹은 나뭇잎으로 끼니를 해결해야 한다. 벌레 먹은 식물은 독이 없으므로 식용이 가능하기 때문이다. 불을 피울 수도 없으므로 날걸로 먹어야 한다. 이 기간 동안은 삽질도 제법 한다. 삽과 대검으로만 가급적 표시 나지 않게 비트를 파서 은신해 있어야 하므로. 이때는 교관 못지않게 독사나 모기, 독벌레 눈치도 살펴야 한다. 가끔 영화에서 정글 속을 헤매는 전쟁영화를 본 적이 있을 것이다. 그 장면을 상상하면 이해가 빠르다. 막상 이 상황을 벗어나야 하는 교육생들은 이것도 실전보다 더 죽을 맛이다. 교관들의 눈치를 봐야 하기 때문에.

이제 수색 교육이 끝나간다. 아득하게만 느껴졌던 12주의 교육기간이 생식 주를 끝으로 마무리 된다. 교육을 마치고 귀대하면 손꼽던 휴가도 다녀올 수가 있다. 수색교육을 이수한 교육생들에게 주어지는 그린베레와 가슴에 수색대원 마크를 달고 멋진 해병대 제복을 입고 귀향할 기대로 마음은 벌서 고향에 달려가 있다.

6. 특수 수색교육의 기억들

망치(8·12)요원들에게 있어서 망치로 조련되어 임지에서 임무수행을 하고 돌아왔던 기억은 악몽 그 자체다. 내 경우는 초등학교 시절부터 운동을 좋아해서 종목을 가리지 않고 뛰어놀았다. 그리고 중학교 2학년 무렵부터 본격적으로 유도를 시작한 탓에 기초 체력은 충분히 갖추고 있었다. 특히, 대학시절에는 병영과도 같이 규율이 엄격하기로 유명한 한국유도대학교에서 2년 동안 기숙사 생활을 하며 하루에도 몇 시간씩 체력단련을 해왔다. 그래서 그런지 어떠한 훈련도 소화할 수 있는 완벽한 몸 상태를 유지하고 있었고 어떠한 훈련도 가뿐히 소화할 수 있을 거라고 자부했었다. 그러나 해병대의 특수교육은 상상을 초월했다.

이미 몸이 만들어져 있었다고 자만했던 나도 그 가혹한 훈련 기간 중에는 하루에도 수차례, 심할 때는 수 십 차례씩 훈련 포기나 자살 충동이들 정도였으니, 책상머리만 마주하고 있다가 입대한 교육생들이나 체력이 부실한 교육생들은 그 무지막지한 교육과정을 겪으며 어떠했겠는가?

해병이 되면 진짜 사나이로 거듭나게 된다. '해병은 태어나는 것이 아니라 만들어지는 것이다.' 라는 문장에서 보듯, 대한민국 사내 어느 누구라도 해병대에 입대하여 해병 복장을 갖추고, 동료들과 훈련에 임하게 되면 신기하게도 초능력에 가까운 힘을 발휘하게 된다. 그야말로 '악으로 깡으로' 아무리 혹독한 훈련이라도 이를 악물고 견디어내게 된다. 어쩌면 그 근성이 대한민국 해병대원들에게만 대를 이어 전수되어온 해병 혼이라고 믿고 싶어진다. 안 되는 것을 되도록 만들 줄 아는 해병대 특수교육 교관들은 교육생들로 하여금 불가능을 가능으로 바꾸는 능력을 갖추도록 혹독하게 훈련한다. 교육생들 스스로도 탈락자는 패배자라는 확고한 인식을 갖고 있어서 젖 먹던 힘까지 쏟아 부으며 사력을 다해 교육에 임한다. 그러나 그런 처절한 노력에도 불구하고 뜻하지 않은 부상이나 체력저하로 더 이상의 훈련일정을 소화할 수가 없어서 탈락하게 되는 교육생들은 눈물을 뿌리며 돌아선다.

어깨를 한껏 늘어트리고 돌아서는 퇴교자들을 여러 차례 지켜보았던 나는 퇴교자들이 흘리는 그 눈물의 의미를 알 것 같았다. 전우들과 끝까지 함께 하지 못하고 탈락해야하는 못난 패배자가 되고 말았다는 자괴감으로 인한 통한의 눈물이었으리라. 남은 교육생들은 안쓰러운 눈빛으로 돌아서는 그들을 배웅한다. 훈련 중에 교관들에게 수도 없이 매타작을 당하고, 훈련을 제대로 소화하지 못하는 팀원으로 인해 무고하게 얼차려를 당하기도 했다.

함께 고통을 겪으며 혹독한 훈련에 동참하고 있는 전우
그로 인해 체벌이나 얼차려가 주어질 때마다 그 전우를 저주하고 증오하기도 했다. 잠시 주어지는 휴식시간에는 힘에 부쳐 헐떡거리고 있는 그 전우를 동병상련의 안타까운 심정으로 지켜보게 되고.

인간의 감정이란 그토록 쉽게, 시시때때로 변한다는 사실을 깨닫고 소스라치게 놀라기도 했다. 고된 일과를 마치고 나서 말라버린 침을 억지로 긁어내어 뱉으면 흙먼지와 모래가 걸쭉하게 섞여 나오고 트림을 하면 하루 종일 들이마셨던 해수와 오폐수의 악취가 되솟아 나오곤 했다.

오랜 구보로 호흡이 막혀 숨통이 끊길 듯, 금방이라도 가슴이 터져버릴 것만 같았던 순간들.

침 한 방울 남지 않고 말라버린 입안에서 서걱거리던 흙먼지와 모래 입자들의 불쾌했던 촉감.

입술은 부르터 갈라지고 배어나오던 피는 이내 엉겨 붙어 딱지가 앉고 그 딱지가 다시 떨어져 핏방울이 맺히고.

하늘빛은 노란색, 흰 색으로 수시로 색깔을 바꾸고 그 하늘에는 한 낮에도 별무리가 피어올랐다. 변덕스러운 날씨에 일희일비하며 가장 험한 곳, 가장 더러운 곳을 찾아 참으로 많이도 뛰고 많이도 굴렀다. 거친 파도를 향해서 욕설을 퍼붓기도 하고, 세찬 바람을 향해 감자를 먹이며 내 운명을 한탄하기도 했었다. 추억은 아름다운 것만은 아니라고 확신한다. 특수교육과 망치를 떠올릴 때마다 아리고 콧등이 매워오기 때문이다. 그래서 해병 전우들은 타 군에 비해 '한번 해병은 영원한 해병'이라는 슬로건에 걸맞게 전우애가 돈독하다고 한다. 기수로 끊어져서 위계질서가 명확한 이유도 있지만 무엇보다 고강도의 훈련 가운데 맺어진 풋풋한 사내들만이 느끼는 동질감이 아닐까 짐작된다. 소위 지금은 민주군대가 되어서 군내의 위계질서와 대한 남아의 용맹성은 퇴색되었다고 하지만 그래도 대한 군인의 간판 역할을 톡톡히 해 내고 있는 군대는 귀신 잡는 해병용사가 아닌가 자부심을 가져 본다.

'니기미 씨발에서 시작하여 니기미 좆도로 끝나는 훈련'이지만 그 속에서 피어나는 숫놈들의 근성은 대한 남아의 자존심을 지켜 주는 가장 밑바닥의 순수성이 아닐까.

나는 지금도 해병 혼의 자부심으로 살아가고 나의 하루 일상은 해병용사를 만나는 일로부터 시작된다. 하루에도 몇 번씩을 반성한다. 남은 나의 일생을 해병전우와 함께하며 국가와 민족을 위해 더 나은 일이 없을까 하고. 특수교육을 받을 때 가슴 곳곳에 응어리 진 기억 편린들을 모아서 이를 발전적으로 승화시켜 아름다운 추억으로 간직할 수는 없을까. 해병 전우들과 하루에도 몇 번씩 고민해 본다.

망치훈련

망치 훈련

다섯째 마당

1. 1차 보수교육(일명 망치교육)

1982년 1월 5일

신년 벽두부터 해병대 역사에 전례가 없던 동절기 보수교육(일명 망치작전 계획에 의한 8·12요원 교육.)이 시작되었다. 1월 5일부터 3월 6일까지 9주간에 걸친 혹한기 특수훈련이 그 시작이었다. 본격적으로 북파 특수공작대 망치부대 8·12요원 양성을 위한 1차 교육이 시작되었다. 수료생들의 페넌트(가늘고 긴 삼각기.)에는 다음과 같은 글이 적혀 있다. 부분적으로 좀 난해하기도 하고 맞춤법이나 띄어쓰기도 좀 그렇긴 하지만 원문 그대로 옮긴다. 그들의 피와 땀이 흥건히 스며있는 기록이기 때문이다.

1982년

"여기 젊은이들! 검은 뽀드(보트)에 내 몸을 맞(맡)긴 채 두 물방울을 굴리며 겨울 석양에 찬란한 빛이 내 창에 머물 때까지 검은 눈이 되리라."

교관단 대표로 MIU 출신 김 중사가 수색대대장에게 부동자세로 신고하면서 혹독한 교육의 서막을 알렸다.

"교육생 90명은 1982년 1월 5일부터 동년 3월 6일까지 9주 동안 행해지는 동계 특수교육을 명 받았습니다, 이에 신고합니다."

교육생은 장교 6명, 중사 2명, 하사 38명, 병 54명 총인원 90명이었다.

"이 인원에서 가혹한 훈련을 통하여 점수를 매기고, 철저한 신원조회를 거쳐 최종 50명이 망치요원으로 엄선 차출될 것이다."

교육대장의 훈시도 이어졌다.

"지금부터 해병대 역사상 처음으로 동계훈련이 실시된다. 냉혹한 전투에서의 승패는 고성능 장비보다 강한 정신력에 있다. 이 교육을 통하여 여러분들은 세계 최강의 전사로 거듭 날 것이다. 피할 수 없는 고통이 오면 차라리 즐겨라. 교육생 모두는 여러분 앞에 펼쳐질 가혹한 상황을 극복하고 한 사람의 낙오자도 없이 무사히 수료할 수 있기를 바란다."

대대장이 간략한 훈시를 마치고 교관들을 하나하나 소개했다. 교육생들은 대체로 고참 대원들이었다. 해병대 특수 수색교육, 공수교육, UDT,

D I(특수교육 교관)를 역임했거나 교관 신분이던 대원도 다수였다. 지금 교관의 신분으로 이들과 마주한 교관들 중에도 이들 교육생들이 교육시켜 배출한 제자가 여럿 있었다. 입교식을 마친 교육생들은 계급 순으로 번호를 부여받은 후 부착하고 해안가로 집결했다. 교육장인 도구 앞바다는 최신형 보트 코만도-5가 여러 대 놓여 있었다.

신고식부터 거침없었다. 몽둥이와 페달로 무장한 교관들의 호각 소리에 맞춰 해안 구보가 시작되었다. 한 시간 가량의 구보를 마치자 숨 돌릴 틈도 없이 또 한 시간의 P.T체조를 시켰다. P.T체조를 마친 교육생들이 거칠어진 호흡을 가다듬으려는 순간.

"전원 입수."

교관이 명령했다. 교육생들은 보트를 올려 맴과 동시에 차가운 바다로 뛰어들어 겨울바다와 첫 대면을 했다. 교관들은 교육 시작과 함께 교육생들에게 잠시도 주저할 여유를 주지 않고 냉혹하게 밀어붙이고 있었다. 아무리 노련한 대원들이라고 하나 아직 팀 배정도 제대로 되지 않았고, 팀원 간 호흡도 맞을 턱이 없어서 우왕좌왕 할 수밖에 없었다. 교관들은 사정없이 몽둥이를 휘두르며 신입생 길들이기에 여념이 없었다. **교관의 몽둥이질은 자신을 키워주었던 스승이건 선임이건 차별이 없다.** 눈에 거슬리면 무조건 안면몰수하고 휘둘러댔다. 이때

전설의 해병대 망치

의 교관은 인간이 아니다. 지옥에서 파견한 염라대왕이 었다. 뭐 하고(오줌 누고) 뭐(좆) 볼 시간도 없이 뺑뺑이를 돌렸다. 해병대의 어느 교육이 다 그렇겠지만 이번 동절기 보수교육은 전례에도 없이 실시하는 교육이라지만 눈썹이 휘날리도록 뛰어도 몽둥이찜질을 벗어날 수가 없다.

무엇인가 작심한 것 같았다.

얼음장 같이 차가운 1월의 동해 바다.
그 속에서 교육생들은 얼음 파편 같은 물보라를 일으키며 사투를 시작하고 있었다. 앞으로의 일정이 무엇인지 까마득하게 상상되는 의문을 품은 채.

1차 보수교육(겨울)

1차 보수교육(겨울)

전설의 해병대 망치

2. 악으로, 깡으로 …

겨울 바다에서 한바탕 전쟁을 치루고 난 교육생들은 점심 식사를 위해 식당으로 향했다. 차가운 바닷물에 흠뻑 젖은 옷은 이내 얼어붙기 시작하였고 추위가 뼈 속까지 스며들었다. 새파랗게 질려 있는 교육생들 모두 오들오들 떨기 시작했고 이빨 부딪치는 소리가 요란했다.
식당 앞에는 철봉대가 있었다.

"오와 열을 맞춥니다."

키가 훤칠한 교관이었다.

"정말 이렇게밖에 못합니까?"

아직도 교육생들은 우왕좌왕 하고 있었다.

"전방에 철봉이 보입니까?"

"악."

"선두 열부터 8명씩 철봉에 매달려 턱걸이 20회씩 실시합니다. 탈락하는 교육생은 점심이 없습니다. 알겠습니까?"

"악."

교관의 호각에 맞춰 턱걸이 20회를 해야 했다. 호흡이 맞지 않으면 쪼그려 뛰기를 시키고 턱걸이 20회를 통과한 교육생들에게만 식사를 허락했다. 식사 시간도 아수라장이었다. 교육생들은 오그라드는 몸을 녹이려고 미지근한 국물에 밥을 말아 꾸역꾸역 삼켰다.

오후 교육은 다시 구보로 시작했다.

"삐익 삑, 삐익 삑."

교관의 호각에 맞추어 전 교육생이 뛴다. 구보하는 동안 교육생들의 호흡이 서서히 맞추어 지고 있었다. 대부분이 베테랑 대원들이라 적응력도 빨라보였다. 교육생들 중에는 병 고참인 서 모 대원과, 유 모 대원, 그리고 고참 하사관인 김 모 중사, 신참 하사인 김 모 대원의 모습도 섞여 있었다. 도구해안을 훑는 매서운 바람이 무색하게 대원들의 몸에서는 열기가 오르고 있었다. 그들의 뿜어내는 입김만으로도 한 겨울의 추위쯤은 녹여버릴 기세였다. 약전 방파제에 이르렀다. 교관의 구령에 맞추어 약 30분간의 P.T체조가 시작되었다.

"삐익 삑. 삐 익 삑."

구보와 체조를 마쳐 진이 빠진 교육생들 앞에 다른 교관이 나섰다. M I U 출신 김 교관이었다.

"지금부터 동절기 해상탈출에 대비한 저 체온증 극복 훈련을 실시하겠다. 각 팀별 일렬종대로 집합."

다시 겨울바다를 마주하고 섰다. 교육생들은 사색이 되었다. 방파제에 부딪쳐 튀어 오르는 포말이 칼날처럼 느껴졌다.

"1팀 입수준비."
"1팀 입수준비 끝."

"입수."

또 한 차례 시린 겨울 바다에서 추위와의 전쟁이 시작되었다. 전원 입수를 마치자 교육생들은 팀원들끼리 얼싸안고 서로의 체온을 나누며, 서로를 격려하면서 혹독한 겨울 바다의 추위에 맞서고 있었다. 악으로, 깡으로 매서운 겨울 한파와 싸우며 버텨내고 있었다. 파도가 한 차례 일 때마다 온몸을 송두리째 얼려버릴 듯한 추위로 몸 동강동강 잘려나가는 고통이 따랐지만 교육생들은 이를 악물며 버티어냈다. 교육은 이제 인간의 영역을 넘어서 겨울 바다에서 서식하는 동물의 영역으로 접근하고 있었다. 이것이 교관들이 요구하는 교육의 목표가 아니겠는가. 그래 여기서는 인간이기를 포기하자. 동물의 세계로, 아니 약육강식의 포악한 짐승의 세계로.

씨발 해병대 교육은 다 받아 보았지만 이런 교육을 처음이라고 투덜대는 김 하사.

해병대가 까라면 까야지!
그 추운 바다는 넘실되고 있는 바다가에서

검푸른 파도, 바다를 살아와도
나는 언제나 바다의 사나이.

전설의 해병대 망치

막걸리 생각나면 바닷물을 마시고

사랑이 그리우면 바다 속을 헤메인다 ~~~.

악 악 ~~~.

그렇게 겨울 훈련에 날들이 가고 있었다.

3. 산악 구보

다음날은 일과가 시작되자마자 산악 구보가 실시되었다.

오와 열. 노래는 「아구창」실시

빳다도 아구창도 나홀로
씹어 삼키며
사랑에는 마음 약한
의리의 사나이·········.

"동작 그만! 각 교육생들은 배낭에 모래를 가득 채운다. 실시."

교육생들의 배낭에는 각각 30kg의 모래가 채워져 담겼다.

도구 앞 해변에는 모래가 꽁꽁 얼어붙었고 길가는 온통 얼음 구석이다.

군데군데 얼음이 얼어 있는 겨울 산

교육생들은 거친 숨을 토해내며 산길을 뛰었다. 뒤처지거나 주저하는 교육생을 발견하면 여지없이 교관들의 불호령과 함께 몽둥이세례가 가해졌다. 적진에서의 낙오자나 부상자는 죽음을 의미하기 때문에 한 명의 낙오자도 발생하지 않도록 교관들은 교육생들이 잠시도 주춤거리거나 머뭇거릴 여유를 주지 않는다. 숨은 턱까지 차오르고 무거운 군장 때문에 발을 떼기조차 힘이 들지만 교육생들은 사력을 다 해 뛰고 또 뛴다. 뛰다 미끄러지기도 하고, 힘에 겨워 고꾸라지기도 하지만 다시 몸을 일으켜 세워 뛰고 또 뛴다. 핏발 선 교육생들의 눈은 그 무렵부터는 살기로 번들거리기 시작한다. 교육생들은 그야말로 피눈물을 흘리며 이를 악물고 상상을 초월한 상태로 뛰고 또 뛰지만 체력의 한계는 넘어서지 못한다. 하지만 교관들의 악다구니에 스스로 쓰러지고 일어서지만 시간은 그렇게 흘러갔다.

'씨발, 좆 빨라고 군대 왔나.' 가 절로 새어 나온다. 앞도 안 보인다. 모두가 인간이기를 포기한 사람 같다. 군대훈련이 이런 것이라면 대한민국 군인 모두 탈영할 것 같다. 이때 정말 이들 앞에서 얼씬거리다가는 뼈도 못 추린다는 말이 실감 날 정도다.

식사 시간과 잠시의 휴식 시간을 제외하고는 하루 종일 산을 오르내린다. 입 안은 이미 침이 말라버렸고 목구멍은 흙먼지 따위로 서걱거린다.

목을 함부로 축일 수도 없다. 입술은 쩍쩍 갈라지고 갈라진 입술에서 새어나오던 피는 금세 고드름으로 엉겨 붙는다. 한낮임에도 눈앞으로 별이 지나다닌다. 심장은 터질 것만 같고 호흡은 당장이라도 정지될 것 같다. 그래도 교관단의 욕설과 몽둥이질을 피해 뛰고 또 뛰었다. 무엇 때문에 달리는 것인지, 어디를 향해 뛰고 있는지 생각할 겨를조차 없다. 그저 가쁜 숨을 몰아쉬며 뛴다. 앞 교육생을 놓치지 않으려 뛰고, 교관단의 시야에서 벗어나려 뛰고, 뛰는 동안 시간도 함께 달음질 해 주기를 바라며 뛰었다. 뛰고 또 뛰었다. 경련을 일으키려는 다리 근육을 달래며 뛰고, 몽롱해지려는 의식을 붙잡으며 뛰었다. 겨울 해가 영일만을 곱게 채색하며 산 너머 쉼터로 향할 때까지 완전무장을 한 교육생들의 달음질은 멈추지 않았다.

오늘따라 소희가 왜 그리 보고 싶은지. 소희가 이 자리에 있어야만 이 억울함을 보상받을 수 있을 것 같다. 왜 이렇게 눈물이 나는지 대학시절 명상을 하면서 단전이 열릴 때 얼마나 서러운지 몇 시간을 넋을 놓고 울은 적이 있지만 그때보다도 더 서럽게 울어야만 분이 풀릴 것 같다. 다 좆같이 보인다. 숨이 막힌다. 모든 것을 포기하고 싶다. 국방부 시계가 멈춰도 좋다. 여기서 모든 것을 끝내고 싶다.

4. 비트

"지금 현재시간 오후 3시. 다음날 오후 3시가지 은신한다. 교관단에게 발견되는 즉시 그 팀은 특별교육을 실시하고 적지에서 총살형 이상의 고통을 감수할 것이며 요원들에게는 배신행위가 되는 것이다. 한 사람도 낙오가 없기를 바란다. 실시."

겨울산은 돌처럼 굳어있다. 모든 것이 얼어 있었다. 야전삽을 찍으면 불꽃이 튀었다. 그래도 파야 했다. 비트 은신 교육은 2~3인이나 4~5인이 한 조가 되어 야전삽과 대검으로만 은신처를 확보해야 하는 과제다. 4~5인이 모이면 근호 형 비트를 파고, 2~3인은 항아리 형으로 팠다.

입김과 땀방울로 언 땅을 녹이며 비트를 팠다. 삽질을 하면 언 땅에 부딪쳐 손에 전해지는 통증은 몸 전체에 그대로 전달된다. 그래도 팠다. 손에 감각이 무디어져 통증조차 사라질 때까지도 파고 또 팠다. 불도 피울 수 없는 겨울 산에서 얼어 죽지 않고 생존해내려면 파고 또 파서 은신처를 확보해야만 한다. 몸 비집고 들어갈 공간을 확보해야만 교육생들은 서로의 체온에 의지하면서 추위와 굶주림으로부터 스스로를 지켜낼 수 있다. 오랜 세월 동안 물방울이 떨어져 바위를 뚫어내듯, 대검과 야전삽으로 꽁꽁 언 땅을 찍고 또 찍으며 비트를 판다.

대안은 없었다. 살아남으려면 비트를 파야만 했다. 그렇게 흙을 파며, 파낸 흙은 인적이 드문 곳을 찾아 고르게 흩뿌린 후에 나뭇잎을 덮어 은닉했다. 쇠줄처럼 질긴 나무뿌리를 만나면, 톱질하듯 대검으로 썰어내고, 돌이 막아서면 부디 큰 바위가 아니길 기원하면서 돌 주변을 파내어 들어내고, 조금씩 깊게, 조금씩 넓게 그렇게 파 들어간다.

하느님은 인간을 왜 이토록 독하게 창조하셨을까? 의문이 들기도 했다. 인생이란 이렇게 처절하게 살아남아야 할 가치가 있는 것일까? 회의도 생겼다. 이 순간이 악몽이라면 한 시 바삐 깨어났으면 하고 기도도 하고. 잠시라도 머뭇거리면 추위가 뼈 속까지 스며든다. 모진 추위를 이겨내려, 살아남으려 파고 또 팠다.

교관들은 사냥개처럼 어슬렁거리며 살핀다. 욕 짓거리와 매질하는 소리가 겨울 산을 흔든다. 조금만 더. 조금만 더. 전우들과 가능한 몸을 가늘

전설의 해병대 망치

게 세우며 규격을 가늠해보고 부족한 만큼 또 판다. 그렇게 우여곡절 끝에 비트가 완성되면 주변을 말끔히 정돈하고 나뭇가지와 나뭇잎으로 출구를 위장하고 전우들은 언 몸을 녹인다.

비트 안은 아늑하다. 비록 산짐승처럼 겨우 웅크리고 있을지라도. 서로의 체온과 입김으로 몸이 풀리면 어느새 동상 입은 부위가 가렵다. 상처에서는 진물도 난다. 서로의 몸을 최대한 밀착해야 하는 좁은 공간 안에서 교육을 시작하고 처음으로 평화를 느낀다.

부디, 교관들의 눈에 거슬려 다른 곳으로 이동해서 다시 파라는 가혹한 명령이 떨어지지 말기를 간절히 빌며 불안한 평화의 밤을 지새운다. 이런 시간이 오래토록 지속되기를 바라는 것은 과욕일까. 조금만 시간이 지나면 또다시 추위가 엄습해 오는 데 이를 견뎌내는 일은 고역이다. 서로의 체온에 의지하면서 서로 꼭 껴안고 이를 이겨보지만 역부족이다. 고향집 아랫목을 생각하면서 잠시 버텨보지만 하염없이 눈물만 흘렸다. 지금쯤 고향에 있는 친구들은 씨름선수의 허벅지 같은 장작으로 군불을 때고 모듬밥을 해 먹겠지. 땅 속에 묻은 김장김치를 밥 위에 떡떡 걸치고 서로들 즐거워하겠지. 벌써 입 안에 침이 고이고 아랫목 뜨끈뜨끈한 장판 냄새에 온 몸이 나른해지고 졸음이 온다.

5. 픽업

적지에서 탈출은 곧 목숨을 보존하는 것이다. 두 번은 없다. 한 번 놓치면 그것은 죽음이다.

겨울바다는 거칠다. 풍랑이 사납고 얼음조각 같은 물보라도 날린다. 해군 고속정이 그 잔인한 바다 위로 교육생 한 명씩 한 명씩 띄엄띄엄 떨어뜨려 놓는다. 픽업 훈련을 위해서다. 일정 시간이 흐른 후에 교관단이 탄 IBS가 지나며 요원들을 구조하는 훈련이다. 임무수행 후 조난이나 낙오된 요원들을 구출하여 귀대하는 작전이다. 고속으로 달리는 고무보트 옆으로 교관단이 내미는 로프 고리, 즉 생명줄인 그 고리를 단 한 번에 낚아채야만 구출될 수 있다.

실전에서는 두 번의 기회가 없다. 요원 하나를 구조하기 위해 머뭇거리는 동안 적의 공격으로 보트에 승선한 전원이 몰살할 수도 있기 때문이다. 높은 파도와 온 몸을 마비시킬 듯 매정한 혹한의 겨울 바다에서, 교육생들은 심장이 멎을 것 같은 두려움 속에 쉼 없이 몸을 움직여 저 체온증으로 인한 죽음의 공포를 이겨내며 보트를 기다린다. 잔인한 겨울바람 때문에 물보라로 달려드는 물의 입자들은 송곳처럼 얼굴에 박힌다. 아무리 열심히 몸을 움직여도 사지가 말을 잘 듣지 않는다. 다가오는 보트를 노려보고 생명선을 가늠하며 언 팔을 풀어 생명줄을 겨눈다.

"제발 단번에."

보트는 스쳐가고, 생명선을 놓친 팔은 허전하고, 보트가 지나며 남겨놓은 물벼락과 교관의 욕설만 맥 빠진 교육생 주변에 머문다. 또 얼마나 기다려야 하는가. 동료들을 태우고 돌아가는 보트를 망연자실 지켜본다. 그냥 이대로 죽어버렸으면 하는 생각이 든다. 그러나 생존본능은 허우적거리며 초라한 육신을 지켜낸다. 한참 후에 보트가 다시 접근한다.

"부디 이번에는."

가까스로 낚아챈 생명줄, 보트 위로 끌어올려진 언 몸뚱이 위로 교관의 욕설과 페달이 덮친다. **단번에 낚아채지 못한 데 대한 응징이다.** 교관의 매질에 언 몸이 바스러지는 것만 같다. 그래도 살았다. 교육생은 몸의 중요 부위를 보호하느라 최대한 웅크린 채 교관의 매질을 무기력하게 감당하면서도 안도한다. 살아서 돌아가고 있다. 구조된 교육생에게 보트의 모터음은 자장가처럼 편안했다. 모진 추위와 교관의 매타작에 만신창이가 되었을 지라도 행복하게 고통을 삼킨다. 인간은 모진 고통을 견뎌낸 후에 조그마한 배려에 모든 것을 잊고 안위하는 나약한 존재임을 실감하면서 오늘도 하루의 훈련을 접는다. 닥아 오는 내일의 혹독한 훈련은 잊어버린 채.

망치요원의 픽업 훈련

전설의 해병대 망치

6. 생존 수영

망치에게 수영은 생존 그 자체다. 그냥 서 있기만 해도 몸이 오그라들게 하는 잔혹한 겨울바람을 맞으며 교육생들 모두 바다로 나갔다. 고속정에 태워진 교육생에게 교육대장이 말했다.

"해병은 태어나는 것이 아니라 만들어지는 것이라는 말이 있듯이 강한 자가 살아남는 것이 아니라 살아남는 자가 강한 것이다. 이런 **악조건을 극복하고 교육을 무사히 이수하면 너희들은 무적 해병 중에서도 가장 강한 자로 살아남게 될 것이다.**"

수색 교육 때의 원영 평가는 약전 방파제에서 송도 해수욕장까지 12km 구간에서 실시된다. 아무래도 동절기에는 그 거리가 무리라는 판단이 들었던 듯 교관들은 교육생 전원을 고속정에 태워 약 4~5km 정도 나간 후 차례로 떨어뜨렸다. 생존 수영이라고 했다. 살아남기 수영이라는 뜻이겠지. 바다에 떨어진 교육생들은 겨울 바다를 갈라 약전방파제까지 도착해야 했다. 살을 에는 엄동설한의 겨울 바다에서 교육생들의 귀착점은 오로지 한 곳으로 결정된다. 평소에 타고난 수영꾼이라고 자부하던 교육생들도 겨울바다의 잔인한 추위와 맞닥뜨리면 사지가 오그라들면서 제멋대로 따로 놀아 자세조차 나오질 않는다. 전신이 자꾸만 움츠려들어 몸이 앞으로 나가주질 않는다. 보트 위의 교관들은 페달링으로 교육생들을 따르며 때로는 페달을 휘둘러 위협하기도 하고, 어르면서 격려도 한다. 잠시라도 머뭇거리면 온 몸이 그냥 얼어붙어 마비될 것만 같다. 통제가 제대로 되지 않는 몸이 내 몸이 아닌 것만 같고, 그 차가운 물속에서도 의식은 자꾸만 혼미해져간다.

"야, 18번 이 새끼야, 정신 차려!"

뒤따르며 지켜보던 교관이 묻는다.

"악, 괜찮습니다."

오기도 생긴다. 이를 악물고 필사적으로 손발을 놀린다. 동계훈련 과정 모두가 죽음과 직면하는 것이라 여겨졌다. 산을 넘으면 더 큰 산이 버티어 서 있고, 험한 파도를 겨우 헤쳐 나가면 더 큰 파도가 기다린다. 교육생들은 대한민국 해병대의 역사를 새롭게 고쳐 쓰면서 시린 바다를 가르며 한 뼘 한 뼘, 앞으로, 앞으로 조금씩 진군하고 있었다. 사지가 얼어 통증도 사라지고 전신이 마비된 듯 감각조차 없지만 교육생들은 멈추지 않았다. 하나 둘, 보트로 구조되어 후송되는 실격 교육생들이 늘어나도, 대다수 교육생들은 무딘 몸놀림을 계속해서 약전방파제를 향하고 있었다. 세상을 저주하고, 나를 낳아준 부모를 원망하며 나아가고, 아름다운 기억을 떠올리면서 모두 앞으로만 나아갔다.

진흙 속에서 연꽃이 피듯 이런 악조건과 거침 속에서 악으로 깡으로 다져진 고된 훈련은 나를 다른 차원의 세계로 올려놓고 있었다. 이제 인간으로 태어나서 어떤 훈련의 고통도 내 앞길을 막을 수 없다는 자부심과 내가 지금까지 생각했던 내가 아닌 또 다른 내가 내 몸 안에 존재하고 있다는 새로운 깨달음을 얻을 수 있었다. 숱한 담금질 가운데 명검이 태어나듯 훈련의 강도가 더해짐에 따라 나의 마음속에 새로운 무엇이 자리를 잡고 있었다.

'앞으로 어떠한 어려움이 닥친다 해도 이것보다 더한 시련과 고통이 있을까. 견디어 보자. 그래 반드시 견디어 보자. 씨발, 우리를 사지로 몰고 가는 훈련을 시키겠냐.' 오기 속에 오기가 나온다고 극한 훈련을 받으면서 더 극한 훈련이 기다려진다. 네가 이기나, 내가 이기나. 한 판 멋진 게임을 해 보자. 무엇이 되든.

7. 접선과 이동

동절기 교육을 시작한지 불과 열흘 남짓임에도 혹독한 추위 속에 산과 바다를 오가는 강행군으로 인해 탈락자가 속출하였다. 가혹한 교육을 잘 견디어 내고 있는 교육생들도 대다수가 동상과 크고 작은 부상에 시달리고 있었다. 교육 기간 동안에는 인권 따위는 낭만이요 사치였다.

교육생들은 이미 인간이 아니었다. 군이 필요로 하는 군수물자요, 병기일 따름이었다. 힘에 부쳐 고꾸라지려는 동료를 위로하기도 하고 때로는 그 전우로 인해 교관의 표적이 될까봐 으르렁거리며 원망하기도 한다. 감당하기 버거운 혹독한 교육을 받고 있노라면 인간의 마음도 그토록 변덕스러워 질 수 있다는 사실에 소스라치기도 한다. 어쩌면 국가나 군대는 이런 잔인한 교육을 통해서 교육생들의 인간성을 상실케 하고 인간성이 떠난 빈자리에다 적개심을 가득 채워 넣음으로써 그들의 목적에만 부합하는 전쟁자원으로 활용하려는 노림수를 갖고 있는 것이라는 생각마저 들었다. 정말 견디기 어려울 만큼 분통이 솟구친다. 하지만 여기서는 아무도 나를 이 고통에서 위로해 주지 않는다.

전직 북파 공작원의 수기에서 읽은 적이 있다.

육군의 공작요원들을 돼지라고 호칭한다는 거였다. 제사상에 올리기 위해 여물 먹여 키우는 것이라고 했다. 임무 출동일이 대다수 요원들의 제삿날이고. 국가나 군이 그들의 생명에 무슨 큰 관심을 갖겠는가. 그저 임무 수행을 위해 불가피하게 소모될 수 있는 전쟁물자 정도로 취급하는 것으로 이해됐다.

공작원들이 임무수행을 위해 산화하고 난 이후에 훈장이 추서되고, 국가유공자가 된다한들 그것이 과연 그들의 젊은 생명과 맞바꿀만한 가치가 있는 것일까?

세상의 어떤 가치도 인간의 생명보다 소중하고 존엄한 것이 없다고 한다. 그러나 인간의 지위를 박탈하고, 인간의 존엄성 따위도 무시되고, 인간이 더 이상 인간으로 구분되지 않는 그 순간부터 인간의 생명 따위는 이미 가치를 상실하고 존재 이유조차 사라진다. 교관들도 가혹한 훈련과 욕설, 온갖 방법의 구타와 학대로 교육생들에 인간이기를 포기하라고 종용하는 것만 같았다.

접선은 삼삼오오 조를 갖추어서 지정된 장소에서 지나치며 암호를 주고받으며 이루어진다. 예컨대,

"오늘 날씨가 화창합니다."

하고 인사하면,

"봄이 오려나 보지요."

하고 받는다. 사전에 약속된 암호가 아니면 즉시 상대를 살해해서 은닉하거나 자신의 신분이 노출되지 않았다고 판단되면 슬그머니 지나치며 신속히 현장에서 벗어나고, 접선자가 일치하면 인사를 나누는 척하다 함께 이동한다. 이동 후 일정한 장소에서 함께 은신하고 있다가 목표를 향하여 이동한다. 그 외에 산을 타고 움직이는 기술, 별자리나 산 능선의 흐름 따위를 읽으며 이동하는 독도법, 개활지를 통과하는 요령 등을 교육한다. 동료와 둘이서 개활지를 통과할 때는 서로 등을 맞대고 사주경계와 사격을 하며 빙글빙글 돌면서 신속하게 통과하게 한다. 만약에 일정한 시간 내에 통과하지 못하면 험한 욕설과 구타가 가해지고 다시 원위치를 반복한다.

교육 도중 향로봉에 있는 미군 레이더 기지에 접근해서 사진촬영을 하고 은밀하게 동향만 파악하고 돌아오라는 명령이 하달되었다. 적 기지로 가상한 첩보전이었다. 그러나 교육생 중 한 명이 미군에게 노출되어 몇 마디를 주고받았다. 행여 적으로 오인하여 사격을 받게 될까봐 적이 아니라 훈련 중인 대한 해병이라고 해명한 모양이었다. 이 장면이 교관에게 목격되었다. 작전은 실패였고 실전이었으면 대원들 모두 사살되었을 상황이다.

그날, 향로봉 교육장에서부터 사단 교육대까지 30km 가까운 거리를 교육생 전원이 고무보트를 머리에 이고 군용 차량에 끌려서 구보로 돌아왔다. 잔인한 얼차려였다. 살인적인 강행군이었다. 호흡조차 곤란한 강추위 속에 보트를 이고 구보하는 광경을 상상해 보라. 교육생들 모두 까무러쳤다. 핏발 선 눈은 뒤집혔고 호흡은 비명으로 바뀌었다.

고통이 극에 이르면 눈물조차 나오지 않는 법이다. 이성은 이미 마비되었고 교육생들은 부드득부드득 이를 갈면서 그저 본능에 의지해서 뛰고 또 뛰었다. 교육대에 도착한 교육생들은 얼음장 같은 연병장 바닥에 모두 널브러져버렸다. **훈련이 혹독하게 지속될수록 교육생들은 나날이 적의와 분노의 응어리로 가득 찬 인간병기로 바뀌어 갔다.** 인간병기, 인간병기가 무엇인가. 바로 인간이기를 포기하고 인간이 무생물인 무기로 탈바꿈한 것이 아닌가. 정말 잔인하고 천인공노할 사람들이다. 하지만 우리를 조련하는 교관들이 무슨 죄가 있겠는가. 이들에게 이런 일을 시킨 상관들이 나쁜 놈들이지.

전설의 해병대 망치

8. 폭파

폭파는 북파 공작요원들의 핵심 과제다. 폭파병은 약 25파운드의 고성능 폭약을 소지하고 참가하며, 훈련 시 회당 약 8파운드를 사용한다. 나중에 망치(8·12)요원으로 실무 투입되면, 거의 매일 그만큼의 폭약을 사용하게 된다. 보트에 나눠 탑승한 교육생들이 목표 지점에 이르면 은밀한 해상 침투를 통해서 목표물에 접근한다. 조별 침투를 마치고 돌격로가 확보되면 돌격조가 전진하면서 폭파병은 폭약을 설치하고 도전선과 도폭선을 함께 깔면서 퇴각하여 도폭선에는 불을 붙이고 도전선은 스위치를 작동해서 폭파한다. 만에 하나 생길지도 모르는 불발 사고에 대비해서 두 가지 방법을 동시에 사용하는 것이다.

요즘은 리모컨을 사용한다고 들었다. 후배 폭파병들 고생 좀 줄었겠다. 폭파병이었던 나는 도전선과 도폭선을 '발이 안 보일 때까지' 움직이며 감고 푸는 훈련을 반복해서 받는 동안 교관들에게 매도 무지하게 많이 맞았다. 선이 엉키거나 역으로 감기는 경우 그냥 넘어가는 법이 없었다.

작전의 성패는 폭파에 달려있다. 따지고 보면 혹독한 모든 교육이 이 한 순간을 위해 실시되는 것인데 만에 하나 불발로 그쳐보라. 목숨을 걸고 시도한 임무는 수포로 돌아가고 말 것 아닌가. 폭파와 함께 독침을 비롯한 무성무기 사용법, 요인 암살을 위한 저격 연습, 요인 납치 훈련 등 분주히 병행해서 교육한다. 요원들에게 닥칠 상황과 모든 가능성을 염두에 두고 종합병기로 거듭나게 하기 위한 훈련은 때와 장소를 가리지 않았다. 이밖에 이동 중에 발생할 수 있는 예측불허의 교전에 대비해서 이동 사격도 한다. 필자가 바로 폭파병 출신이다. 반복되는 폭파와 사격 때문에 청각장애가 생겼다. TNT폭파음을 옆에 끼고 무거운 장비를 짊어지고 뛰어다니던 그때를 떠올리면 지금도 소름이 돋는다. 이밖에도 많은 경우를 두고 상황을 설정하여 그때그때 적절한 대응을 하는 훈련을 반복 훈련했다.

9. 야간 이동

교육생들은 산악 훈련과 은신 교육을 받으면서 독도법을 익히게 된다. 야간 작전 수행 시 험준한 산악 지형에서 길을 잃지 않고 무사히 목적지에 이를 수 있게 한다. 야간에 팀별로 보트를 매고 이동하면서 어느 한 지역에 다다르면 그곳에 대기하고 있던 교관과 암호를 주고받은 후에, 그 교관의 지시에 따라 또 다른 지역으로 이동한다. 독도법에 근거해 산을 넘고 물도 건너야 하는 밤샘 대장정이었다. 이곳저곳에 은신해 있던 교관들은 대오가 흐트러지거나 보트가 흔들리면 즉시 정지시켜 얼차려와 몽둥이세례를 가했다.

한 지역에 이르렀다. 교관 하나가 버티어 서 있었다.

"5팀 신고합니다."

팀장이 부동자세로 신고했다.

"어쭈, 맨입으로 신고해?"
"신고………."
"이 새끼들 아직 정신 못 차렸네. 군기가 쏙 빠졌구만. 낮은 포복 실시."

교관이 굴리기 시작했다. 보트 훈련 시에는 기합을 받아도 보트와 함께 받는다.

"동기야, 잘하자. 동기야, 잘하자."
"협동 단결, 협동 단결."

기합으로 교육생들이 지쳐갈 즈음, 눈치 빠른 한 교육생이 꼬깃꼬깃 접어서 숨겨두었던 지폐를 교관에게 슬그머니 디밀었다.

"음, 그래 됐어, 동작 그만. 암호 받고 이동해라."

다른 지역으로 이동했다. 기갑부대를 지나 남문방향 오천으로 접어들고 있었다. 어느덧 긴 겨울밤이 가고 날이 새고 있었다. 피로와 졸음으로 보트가 흔들리기 시작했다. 숨어서 지켜보던 교관의 눈에 띄고 말았다.

"이 새끼들 봐라. 완전히 빠졌네, 보트 내리고 낮은 포복 실시."

또 얼차려가 시작되었다. 꽁꽁 얼어붙은 도로 위로 교육생들은 벌레가 되어 기어가기 시작했다.

"동기야 힘내자, 동기야 힘내자."

동편 하늘로 열기를 잃은 해가 미지근하게 모습을 드러내고 있었다. 고무보트 교육 기간 중에는 늘 보트를 머리에 얹고 생활해야 하기 때문에 머리에 충격을 완화하기 위해서 속옷이나 수건 따위를 모자 속에 감추어 넣어도 일과 후에 벗어보면 언제나 핏빛으로 물들어 있었다.

10. 보트가 산으로 간 까닭

사공이 많아야만 배가 산으로 가는 것은 아니다. 해병대 상륙작전용 고무보트가 산으로 가는 까닭은 엄연히 망치(8·12)요원 육성을 위한 훈련과정 중 하나였다. 아침 식사를 마친 교육생들은 팀별로 보트를 둘러매고 향로봉으로 향했다. 특수 교육생들의 행군이 낭만적인 산행이겠는가. 교관들은 교육생들에게 잠시도 여유 부릴 시간을 허락하지 않았다. 보트를 둘러 맨 채 오리걸음과 툭하면 가파른 산길을 낮은 포복으로 기게 했다.

한 겨울
뱀이나 벌레 따위의 기어 다니는 생명체들 모두 동면에 든지 오래되었음에도 해병 망치요원 후보생들만 입김을 뿜어대며 산길을 기어오르고 있었다. 돌부리가 뾰족뾰족 박혀 있는 울퉁불퉁한 산길을 기어서 올랐다. 군데군데 잔설과 얼음이 덮여 있는 산길을. 게거품마저 말라붙고, 입술도 갈라졌다. 호흡을 하면 쇳소리가 났다. 그런 고난의 행군 틈틈이 교관들은 군가도 시킨다. 특수 교육과정에서 시키는 군가는 대부분 해병대 싸가(사가)다. 온통 욕설투성이인 사가만 엄선하여 시키면서 분노와 악바리 근성, 그리고 적개심을 응축시키려나 보았다.

호흡조차 곤란한 산행

머리에 인 보트의 무게를 감당하느라 피가 밴 머리는 돌덩이처럼 감각을 잃어가고, 목과 허리는 부러질 듯 고통스럽고, 차가운 산자락을 기고 오리걸음으로 오르느라 숨은 턱까지 차오르는데 노래라니.

「상어떼 용사」

적막한 밤하늘에 보트를 띄우고
새까만 보트 위에 이 몸을 싣는다.
조국 위해 바친 목숨 상어떼 용사

봄 여름 가을 겨울 파도 속을 헤매인다.
상어떼야 상어떼야 어서 와 주렴
세계를 수색하는 상어떼 용사.

"어쭈 이 새끼들 군기가 완전히 빠졌네. 지금 그걸 군가라고 하나?"

군가에 힘이 실리지 않으면 즉시 교관들의 몽둥이와 군화발이 춤을 춘다. 살얼음이 언 물까지 뿌려댄다. 성할 리가 없는 교육생들의 몸뚱이에 사정없이 가해지는 체벌. 매를 맞지 않으려고, 욕설을 피하려고 피를 토하도록 소리를 지른다. 군가라고 하기에는 차라리 절규요, 비명에 가까웠다.

이 훈련 도중에 **한 교육생이 고통을 견디다 못해 실성을 하고 말았다.** 눈이 풀린 채 먼 산을 보며 히죽거렸다. 쇼하지 말라며 휘두르는 교관의 몽둥이질에도 고통에 몸을 뒤틀며 히죽거리기만 했다. **교육생들은 교육이 시작된 후 처음으로 교관에 대해 살의를 느꼈다.** 당장 요절을 내버리고 싶을 만큼 그 교관을 증오했다. 교육생들은 초주검이 된 채로 널브러져 히죽거리고 있는 그 교육생을 보트에 태워 매고 내려왔다. **팀원들 모두 소리 죽여 울면서 내려왔다.** 어느 교육생의 이빨 가는 소리가 들렸다. 뿌드득, 뿌드득⋯⋯⋯⋯.

분노에 찬 반항이었다. 교관의 귓가에는 전해지지 않았으면 하고 바랐지만 우리 모두의 마음을 대변한 카타르시스였다. **그 교육생은 즉시 정신병동으로 후송되었다.**

11. 담력훈련

지옥 주 마지막을 장식하는 훈련이기도 하다. 9주의 보수교육 기간 동안 특별 교육을 총망라하는 것 같았다. 이 교육도 망치(8·12)요원육성을 위한 동계 보수교육 과정에 등장했다. 야간에 교육생들을 한 명씩 일정한 장소로 올려 보낸다.

목표 지점은 화장터. 출발지에서 1~2km쯤 떨어진 화장터 소각로에 켜놓은 촛불을 끄고 돌아오라는 것이다. 교육생들의 길목마다 귀신 복장을 한 교관들이 숨어 있다가 불쑥 나타나서 교육생들을 기겁하게 한다. 음산한 음악과 조명이 함께 구성되기도 한다. 또 와이어를 이용해서 귀신 모양의 흉측한 인형들을 배치해 긴장한 교육생들 앞에 갑자기 튀어나오게 한다. 이때도 반드시 교관들에게 존경심을 보여야만 한다.

예를 들면, 귀신 인형이 조악해서 별로 놀라지 않는다거나, 교육생을 놀라게 했다고 분풀이로 인형을 함부로 패대기치는 일은 금기다. 또한 귀신으로 변장한 교관이 등장에 별로 놀라는 기미를 보이지 않으면 가차 없이 얼차려다. 교관이 초조하게 교육생의 등장을 기다리며 긴장하고 있다가 적절한 타이밍이라고 생각될 때에 불쑥 등장했는데 교육생이 별로 놀라는 기색이 없으면 난감한 일이 발생한다. 뻘쭘한 교관이 정색하며 묻는다.

"25번 교육생, 안 무섭나."
"악, 하나도 안 무섭습니다."
"그래, 하나도 안 무서워?"
"악."
"흠, 그래?"
"악."

센스 없는 그 교육생은 필경 화장용 화로에 조금은 더 오래 갇히고, 보너스로 분골 맛도 좀 보게 된다. 소복에 치마차림으로 귀신 분장을 한 교관의 성의를 고려해서 안 무섭더라도 무서운 척 해주는 센스. 절집에서 젓갈도 얻어먹을 수 있는 지혜다. 지난 추억이라고 이렇게 편안하게 이야기 하고 있지만, 인적 없는 밤 산길을 홀로 오른다고 생각해보라. 목적이 담력훈련인 만큼, 담력을 시험할 장치들이 산재해 있고, 언제 나타날지 모르는 상황. 분위기 조성을 위해 등장하는 소품들. 으스스한 음향이나 조명 속에 목적지를 향한 조심스러운 발걸음.

인간에게 공포란 어떤 상황을 맞닥뜨릴 때보다 공포를 예측하며 기다릴 때 극에 달한다. 그런저런 훈련을 거치며 교육생들은 최정예해병으로, 망치요원으로 자라고 있었다.

12. 밀봉교육

1981년 9월 19일

대한민국 해병대 역사에 그 유례가 없는 해괴한 명칭의 집단 교육이 시작되었다. 이름하여 MBS 교육, 즉, 밀봉스쿨이라는 급조된 명칭의 교육이었다. 그 교육은 3주 일정으로 준비되었다. 밀봉교육의 사전적 정의는 "외부와의 접촉을 끊고 비밀리에 행해지는 교육으로, 첩자 등 특수목적을 수행할 사람을 양성하기 위하여 일정한 기간 일정한 곳에 수용하여 외부와의 연락을 차단한 채, 비밀리에 교육한다."라고 정의하고 있다.

사전은 북한을 예를 들며 '세뇌교육도 겸한다.'고 설명하고 있지만, 80년대 초, 대한민국이 자랑하는 최정예 군인 해병대에서 그 음흉하고 은밀한 이름의 교육이 실시된 까닭은 무엇일까?

아무튼 해병은 무도 유단자를 포함한 신체 건강한 대원들 중 장교와 하사관 사병들 90명을 임의 차출해서 교육을 실시했다.

교육 교장은 향로봉 일원
해안침투를 시작으로 투입된 교육생들은 향로봉으로 잠입해서 비트를 파고 은신하며 산짐승을 닮아가는 교육을 수행했다. 향로봉에 은신하고 있는 교육생들은 밀봉교육을 위해 특별히 배치된 교관의 명령에 따라 접선 훈련을 받는다.

지정된 장소에 이르러.

"달이 참 밝습니다."

"내일이 아마 보름이지요?"

약속된 암호가 일치하면 아군으로 함께 이동하며 다음 명을 기다린다. 불일치하면 상대를 사살해 은닉하거나 조용히 사라진다. 늪지나 바다에서 수중은신 훈련도 한다. 물속에 몸을 감추고 대나무나 갈대의 대궁으로 호흡하며 죽은 듯이 숨어있는 방법이다. 두 세 시간씩 지속되는 훈련으로 전신이 마비가 될 지경에 이르고 저 체온증으로 실신하는 교육생들도 부지기수였다. 대원들은 정찰, 경계, 엄호와 수신호를 비롯해서 다채로운 교육을 받는다. 팀원 단체로 개활지를 통과할 때는 L자형과 V자형의 대오로 신속하게 이동하며 사격하는 훈련도 받는다.

3주 일정인 교육기간 내내 양치질을 제외한 세면이나 목욕은 할 수도 없었다. 면도조차 하지 못한 교육생들은 털복숭이가 되었고 어느새 산짐승을 닮아 있었다. 향로봉은 북한 해주의 산악지역을 빼닮았다고 한다. 선발된 대원들은 그곳에서 월동을 준비하는 산짐승처럼 분주하게 가을을 맞았다.

인민군 복장(오른쪽)

전설의 해병대 망치

13. 관찰과 탐색

누군가 나를 감시하며 노려보고 있다면 몹시 두렵고 거슬리는 일이다. 그러나 내가 상대를 읽고 있을 때는 경우가 다르다. 특히 상대를 반드시 꺾어야 하는 전쟁에서의 경우 적을 세밀하게 분석하고 있다면 내가 유리한 고지를 점하게 된다는 사실은 굳이 설명할 필요도 없다. 지피지기 백전불태(知彼知己 百戰不殆)이라는 고사성어가 있듯이 목표를 정확히 꿰뚫고 있다는 것은 그만큼 승전 확률이 높다.

우리요원은 짬이 날 때마다 우리 공격목표인 적진 월래도의 예상 침투지역을 수시로 관찰했다. 부대 뒷산 적당한 지역에 엎드려 망원경을 이용해서 적 초병의 동향과 습성, 간조와 만조 때의 지형 변화, 적진의 상황도 빠짐없이 관찰했다. 초목의 성장, 꽃들의 개화과정을 비롯하여 자연의 변화 등 모든 움직임을 세밀하게 체크하여 기억했다. 예상 침투로 주변의 주먹덩이 만한 돌조각조차 그냥 흘려보내지 않았다. 적진을 손금 보듯 파악하고 있어야 침투 작전 중 혹시 발생할 지도 모르는 낙오나 이탈 시 은신과 탈출도 용이하기 때문이다. 조수 간만의 시각이나 조류의 흐름도 반드시 숙지하고 있어야만 하는 매우 중요한 정보다. 현대전은 정보전이라고 한다. 적의 동태를 정확하게 파악하고 약점을 철저히 분석하여 소리 없이 접근해서 신속하게 적의 급소를 가격하여 숨통을 끊어버리는 것이 우리 특수 공작원들에게 부여된 임무다.

망치작전 시 초병 살해 등을 위해서 이용하는 무성무기, 즉 석궁과 독침, 각검이나 대검에 맹독을 묻혀 사용하는데 이 독에 노출되면 15초 내에 즉사하게 된다. 피부에 살짝 스치기만 해도 호흡곤란과 전신마비가 동시에 진행되며 순식간에 죽음에 이르게 하는 치명적인 무기다. 비명이나 신음조차 낼 여유 없이 짧은 시간 내에 적을 제압 하는 은밀하고 효율적인 무기다.

망치(8·12)요원 시절

우리요원들은 일반 사병이라면 누구나 누릴 수 있는 권리인 주말의 외출 외박과 접견은 딴 세상의 이야기일 뿐이었다. 과업이 없는 날에도 항시 적진을 응시하며 언제 하명될지 모르는 적진 침투를 대비해서 늘 긴장 속에 대기하고 있어야만 했다. 적진지와 똑 같이 축조된 부대 내에 머물 때에도 적진 침투 시 공격 방향과 예상 퇴각로를 가늠하고 건물과 건물

사이를 이동할 때에도 보폭을 재면서 외웠다.

고된 과업으로 이를 박박 갈면서도 항상 적진을 숙지하며 관찰했다. 망치요원들은 임무 기간 동안 항시 적진에 머물러 있었다.

14. 인간 병기

망치(8·12)요원의 병기는 당시로서는 최신형, 최첨단이었다. 물론, 무성 무기 중에 독침이나 각검, 대검, 석궁(석궁은 현대 과학기술이 상당부분 접목되어 있다.), 양말에 자갈을 넣고 적을 살해하는 방법 등 재래식이나 원시적인 무기도 있었다. 우리요원의 이동수단인 IBS최신형 직수입품인 코만도-5였고, 부착하는 모터는 45마력으로 시속 45노트(Knot)를 낼 수 있는 고성능이다. 1노트가 1,852m니까 육상에서는 약 시속 83.3km가 된다. 과속을 즐기는 운전자들은 그깟 80km하고 갸웃거릴지 모르겠지만, 바다에서는 비행속도에 가깝다. 무엇보다 우리나라 최초로 유일하게 우리요원에게만 보급되었다는 최첨단 야간투시경에는 위성추적장치가 부착되어 있었다.

이 기능으로 작전 시 해풍이나 조류 등 주변 기상 상태나 적의 접근 따위

위험 요소를 파악하여 무선 연락을 취함으로써 원거리에서도 요원들을 통제하며 작전지시도 할 수 있는 효율적인 병장비였다. 폭파병들은 1인당 25파운드의 고성능 폭약을 휴대하고 작전에 임한다. 통신장비로는 고감도 워키토키, DD 107 무전기를 사용했고, 도청방지용으로 최신형 문자 통신기도 함께 사용되었다. 개인장비로는 M16 소총에 이어, K-1과 K-2를 보급 받아 사용했으며, 1인당 실탄 180발과 수류탄 2개씩을 소지했다.

이밖에 요인 암살용인 저격용 소음 총(일명 투투 총)이 있었고, 비상시에는 슈트와 함께 착용하는 오리발이나 로프도 훌륭한 무기가 된다. 때에 따라서는 주변에 있는 돌이나 나무도 효율적인 병기로 사용되기도 하지만, 가장 믿음직하고 훌륭한 병기는 어떤 악조건 속에서도 임무를 수행할 수 있도록 고도의 훈련으로 최 정예화 된 요원들 개개인이다.

M16에 소음기를 단 **투투총**

15. 훈련의 악몽

1982년 1월 4일부터 펼쳐졌던 동계훈련. 대한민국 해병대 창설 이래 33년 동안 그 유래가 없었던 겨울철의 혹독한 보수교육, 일명 망치 1차 교육 때의 일이다. 참가 교육생들은 대체로 고참 대원이나 하사관들이었고, 온갖 종류의 특수교육 이수자를 비롯하여 교관 전력자들도 다수 포함되어 있었다. 현임 교관들의 선임자나 스승인 교육생들을 효율적으로 통제하며 교육하기 위해서는 무엇보다 교육생들의 기를 꺾어놓아야 했다. 교육 기간 동안에는 선후배나 사제지간은 마땅히 무시되어야 한다. 오직 교관과 피교육생의 질서만 유지되어야 하기 때문이다. 훈련시작 며칠 후, 매서운 겨울 날씨 속에서의 교육이 기대치만큼 원활하게 이루어지지 않는다고 판단한 교관단은 모질게 마음을 다진다.

자정 무렵

맹추위 속에서의 강도 높은 훈련으로 파김치가 된 교육생들이 고단한 몸을 뉘어 깊은 잠에 빠져든 시간.

'우아아앙.'

교육대에 비상 사이렌이 울렸다. 이어지는 교관의 호각소리와 집합을 알리는 욕설 섞인 고성.

"뭘 이렇게 꾸물거리나 빨리들 안기어 나와?"
"이 개새끼들 완전히 빠졌네."

한 밤중 예고 없는 집합에 넋이 나간 교육생들이 서둘러 복장을 갖추며 출입문으로 뛰쳐나가기 시작했다. 내무반 출입문 근처에 도열해 있던 교관들로부터 난 데 없는 몽둥이질이 시작되었다. 교관들의 호된 몽둥이질은 무차별적이었다. 머리통이든 허리든 심지어는 안면부위까지도 사정 없이 휘둘러댔다. 교관들 입에서는 술 냄새가 진동했다. 아예 작심을 한 듯, 얼큰하게 술까지 걸치고 군기를 잡기 위해 매타작을 시작한 모양이었다. 잠결에 뛰쳐나왔던 교육생들은 차가운 겨울 연병장에서 벌레처럼 나뒹굴면서 느닷없는 매타작과 발길질을 비명조차 참아내며 온몸으로 감당하고 있었다. 겨울 한파 속에 금세 꽁꽁 얼어붙은 몸에 매질이 가해질 때마다 교육생들의 몸은 동강동강 잘려나가는 것과 같은 고통이 따랐다. 약 30분 이상 지속된 매질로 교육생들은 초주검이 되었다. **매타작은 교관들이 때리다 지쳐 몸을 가눌 수 없을 지경이 되어서야 그쳤다.**

"내일부터 훈련 짜세(자세) 제대로 안 나오면 다들 죽었다고 복창해라 알았나?"

"악."

교육생들의 대답은 비명이었다. 가혹한 매질은 효과가 있었다. 교육생들은 고분고분해졌고, 얼음장 같은 바다 속에서나 칼바람 휘감는 산악에서도 이를 악물고 교육에 순응했다. 그렇다고 교관들의 매질이 멈출 리는 만무하다. 더욱 강인한 인간병기로 개조하기 위한 그들의 욕설과 매질은 교육기간 내내 멈추지 않았다. 긴장과 두려움 속에 자신의 부상도 모른 채 두들겨 맞으며 열심히 교육을 마치고 귀대한 교육생들 중에는 멀쩡히 자기 발로 걸어 들어왔다가 다음날 스스로 일어나지 못하는 교육생도 있었다. 허리에 심한 부상으로 누운 채 후송을 간 교육생이 있었고, 다리뼈에 금이 간 줄도 모르고 뛰어다니다가 아침에 걸을 수도 없을 만큼 퉁퉁 부은 다리를 감싸고 찔끔찔끔 눈물 흘리다 절뚝거리며 후송된 교육생도 있었다. 심지어 어떤 교육생은 팔다리가 퉁퉁 부어 걸을 수조차 없게 되자 교육생들 여럿이 부축하여 구급차에 뉘였는데, 군위관이 송곳 같은

전설의 해병대 망치

기구를 허벅지에 들이대자마자 피고름이 솟구치듯 쏟아져 나왔다.

그 시절 교관들의 구타와 욕설은 교육생들에게는 또 하나의 양식이었고, 일상의 풍경이기도 했다.

16. 제24차 특수 수색교육 중에서

많은 교육생을 망치 2차 요원으로 배출한 제24차 특수 수색교육 때 일이다. 제24차 특수 수색교육은 평소보다 훨씬 강도 높고 혹독한 교육이어서 탈락하는 사병들이 많았다. 나도 탈락하고 싶었다. 그러나 중도 탈퇴는 패배자라는 인식이 있어서 나처럼 대부분의 교육생들은 이를 악물고 뛰어다녔다. 이제야 고백하건대 보트를 매고 지프 뒤에 끌려갈 때는 지프에 펑크가 나거나 선도 열이 쓰러져 주기를 바랐다. 아주 잠깐만이라도 호흡을 가다듬고 싶어서. 그러나 그런 바람은 일어나지 않았고 선도 열은 헉헉 거리며 지프 꽁무니를 끝까지 따라갔다. 야속하기도 했다. 악착같이 따라붙는 교육생들이 미웠다. 너무 힘이 들어서 마주 오는 차에 뛰어들고 싶은 마음이 생기기도 했었다. 교육생들 모두도 내 마음과 같았으리라. 악몽 같은 하루하루를 그럭저럭 버티어내고 있었다.

교육이 없는 어느 주말. 교육생들 모두 사역을 하면서 여유로운 시간을 즐기고 있었다. 교육생 중 장교 하나가 사라진 거였다. 무슨 일인지 그 장교는 돌아오지 않았다. 사라진 장교는 밖으로 나가서 술을 마셨다. 그리고 동기에게 연락을 해서 하소연을 했다고 한다. 교육도 너무 힘이 들지만 하사관인 교관들에게 무시당해서 탈영하고 싶다고. 교관들은 하사관이 맡는다. 조교는 병이 보조하고. 연락을 받은 동기는 중대장과 대대장에게 신속히 보고했다.

간부회의가 열렸다. **장교가 탈영하면 전 장교를 욕되게 하는 것이라는 결론이 났다.** 중대장과 소대장들과 함께 술 마시고 있는 교육생 장교를 찾아갔다. 위로하고 격려하면서 교육생 장교에게 술을 엄청 마시게 했다고. 눈물 콧물 범벅이 되어 하소연하던 장교는 술에 취해 기절했다는 거다. 장교들은 힘을 모아 그 장교를 수색교육대 내무반으로 날랐다고 한다. **이 장교 눈을 뜨니 특수 수색교육대 내무반이 아닌가. 기상 신호와 함께 열심히 교육에 임했다고 한다.** 장교 체면에 쪽팔리면 안 된다고 생각했는지.

제24차 특수 수색교육은 유난히 강도 높았다. 그 이유는 망치 2차 선발을 위해서라고. 망치 1차와 교대해서 실전 투입해야 할 2차 요원들의 보수교육 일정이 맞지 않아서 수색교육을 이수한 사병만으로 요원을 구성해야 되기 때문에 혹독하게 교육했다는 것이다.

책임감으로 무장한 장교도 견디기 어려웠던 훈련. 특수 병력을 양성하기 위한 해병대 교육과정의 혹독함을 드러내는 예라고 할 수 있겠다. 훈련 과정을 견디다 못한 교육생들 중 일부는 탈영을 하거나 자해를 하며 난동을 부리다가 체포되어 영창으로 간 경우도 있었다.

제24차 특수 수색교육 중에서

망치 작전

여섯째 마당

1. 표적

우리가 망치(8·12)요원으로 조련될 때

"모조리 죽여라 심판은 하느님에게 맡기고,"

라는 구호와,

"명령만 내리면 하느님도 쏜다."

이런 이중적이고 잔인한 구호 속에 인간으로서 도저히 상상조차 할 수 없는 고강도의 혹독한 훈련을 받았다. 우리의 살육 행위를 심판할 하느님마저 명령만 내리면 한 치의 망설임도 없이 난사한다. 결국은 우리의 명령권 자를 제외한 어느 누구라도 우리의 표적이 될 수가 있으므로, 상황에 따라서는 누구를 막론하고 가차 없이 사살하도록 교육되었다.

교관들은 우리를 이가 갈리고 몸서리치도록 매섭게 교육했다. 마치 가혹하고 잔인할수록 조국에 충성할 수 있는 뛰어난 병사가 되는 것이고, 훌륭한 망치요원이 되는 것이며, 유용한 살인 병기가 된다는 뜻임을 명심하라고 암시하듯이. 살인 병기를 제조하는 교관들의 훈련방법은 치가 떨릴 만큼 매정했으며 거침이 없었다. 그런 힘겨운 교육을 이수한 후에 망치요원이 되었던 **전우들은 전쟁영화에 등장하는 소위 고강도라는 훈련 신과 극의 완성도를 더하기 위한 출연자들의 리얼 액션을 볼 때마다 콧방귀를 뀌곤 한다.**

바닷물, 똥물 속에서 호흡을 참아내느라 눈알이 빠져나오거나 뇌압으로 머리통이 터져 버릴 것 같은 고통.

게거품도 삭아들고 입 안에서 풍겨 나오던 단내마저 말라붙어 바짝 마른 혓바닥이 목구멍 속으로 말려들어 갈 것만 같은 느낌.

차라리 숨이 이대로 멎어버리면 이 고통도 끝날 것이라고 깔끔하게 이 생명 거두어 달라고 기원하면서도, 벌레처럼, 들짐승처럼 모질게 버티어내고 있는 내 생명, 너절해진 내 육신을 저주하며 쉴 새 없이 뛰고, 굴렀다. 목숨 줄을 붙잡기 위한 몸부림이 그리도 처절한 것이며, 무자비한 훈련을 견디어내고 있는 인간의 생명이 그토록 독한 것이라는 것도 새삼스레 깨달았다. 탈진한 몸뚱이 위로 사정없이 내리 꽂히던 교관들의 욕설과 발길질. 그리고 몽둥이. 교육생들은 훈련이 아니라 교관들의 무차별 폭력을 저항 없이 받아들이며 인내하는 교육을 받고 있는 것이라고 느낄 정도였다. 얼고 녹기를 반복하는 동안 마를 새 없던 몸뚱이는 이곳저곳 피멍과 생채기로 가득하고 그 사이를 비집고 종기가 돋아나고 곰팡이도 피었다. 동상으로 짓무른 피부에는 가려움과 진물이 그칠 새가 없었고.

교육기간이 경과할수록 우리는 점점 악에 바쳐 맹수가 되어갔고, 낭만을 좇던 스무 살의 눈빛은 어느새 살기 가득 뿜어내는 야수를 닮아 있었다. 그 혹독한 교육을 거치면서 우리는 명령만 내리면 하느님이나 부처님이나 눈에 띄는 대로 무차별 난사할 수 있을 만큼 적개심이 가득한 분노와 증오의 덩어리로 바뀌어졌다. 명령만 내리면 우리가 쏘게 될 대상은 누가 됐든 생명체가 아니라 단지 우리의 표적일 따름이었다.

누가 우리에게 인격을 말하고 인간을 이야기 할 것인가.

우리는 이미 인간이 아니라 명령에 의해서만 조종되었던 살인 도구로 탈바꿈하여 있었다. 그 시절의 우리는 명령계통의 맨 밑바닥에 위치해 있던 쫄병들로서 윗분들이 '까라면 까야하는' 말단 사병이었으며 명령만 내리면 표적을 박살내기 위해서 불구덩이 속에라도 뛰어들 수밖에 없었

전설의 해병대 망치

던 특수임무 수행 요원이었다. 내 생명이란 단지, 명령에 따라 임무수행을 위해 길들여진 소모품에 불과한 것이라고 자조하고 체념하던 그 시절은 지금 기억조차 아득하리만큼 저 멀리 물러 앉아 있다. 그때의 우리 젊음은 감정이 고갈된 채 그렇게 건조되어 있었다.

백령도의 새벽

우리의 표적인 월래도를 원거리에서 맴돌며 폭파와 함께 야간과업을 마치고 돌아와서 고단한 몸을 뉘어 잠을 청한다. 그때, 오관과 온 신경이 날카롭게 깨어있던 나에게는 갯바위를 두들기는 익숙한 파도소리도 심장을 깎아내는 것과 같은 고통이었다. 부대 뒤 숲을 헤집는 바닷바람조차 잠을 이루고 싶어 뒤척이는 젊은 병사의 뇌 속을 헤집는 예리한 칼끝이고, 송곳이었다. 서해바다의 새벽은 우리요원들에게는 훈련과 작전을 무사히 마치고 취침시간이 다가오는 시간이었다.

2. 자위(自慰)

내 그릇에는 먹물이 담겨있지 않다. 그러므로 내 글은 화려하지 않고 찬란할 이유도 없다. 어차피 나의 글쓰기는 간장종지만큼이나 옹색한 내 그릇에 담긴 초라한 언어들을 닦고 조이고 기름질하며 이리 꿰고 저리 맞추어 이야기를 꾸려가려 하는 몸부림에 불과하다. 오십여 년 세상에 머물며 행인지 불행인지 많은 먹물들과 만나왔다. 그들 중 많은 수가 선지자인 척 언어와 사유를 이리저리 비틀며 자기만의 고집으로 세상을 능멸하고 조롱하려는 꼼수도 포착하게 되었다.

오랫동안 세상에서 떠밀려 혼자 놀면서 말씀이란 만악의 근원임을 깨닫게 된 것은 그나마 다행이다. 내 작업도 악행이 될지도 모른다는 두려움에 떨면서 그래도 해보자고 덤빈다. 어차피 인생은 엉킨 실타래를 풀어내어 꼬인 까닭을 이해하려 노력하다 되돌아가는 것이라는 믿음으로.

3. 잔인하게 조련된 망치(8·12) 요원

망치의 전신이라고 할 수 있는 M I U 마니산 까치부대원이었던 이질범의 이야기를 잠시 소개한다.

1973년 5월 13일

강화도 전등사로 외출을 나갔던 까치부대원 4명이 공군 레이더기지에서 복무하던 공군 장교와 사병 24명과 시비 끝에 싸움이 시작되었다. 급히 연락을 받고 합류한 대원 3명이 가세해 7대 24의 피 튀기는 싸움으로 발전하게 되었다. 휴일의 전등사 주변은 순식간에 폭력과 신음이 난무하는 전쟁터로 바뀌었고, 오래지 않아 중상을 입은 공군대원들이 땅바닥에 나뒹굴기 시작했다. 결국 1대 3이 넘는 수적 열세에도 불구하고 공군부대원 전원이 중상을 입어 저항능력이 없게 되자 끝난 이 싸움판에서 치명적인 타격을 입은 공군 2명은 사망에 이르게 된다.

이 패싸움의 주범격인 까치부대원 이질범은 군 형법상 중죄에 해당하는 상관 폭행치사 등의 혐의로 체포되어 군사법정에서 사형을 선고받았으나 이 부대의 상급기관 격이었던 중앙정보부의 개입으로 6개월로 감형된다. 전시를 제외하고 군사법정에서 사형이 선고된 피고인에게 이렇게 파격적인 감형을 준 사례는 단 한 차례도 없었다고 한다. 복역을 마친 이질범은 원대복귀해서 복무기간을 마칠 때까지 부대원들과 합류하여 지옥 같은 특수교육을 계속 받게 된다.

불행한 역사인 이 사건을 다시 거론하는 이유는 해병대의 우월성을 과시하거나, 많은 인원이 힘 한 번 제대로 써보지 못하고 비참하게 패한 공군을 비하하려는 의도가 아님을 분명히 밝힌다. 더욱이 두 사람의 아까운 생명을 잃은 끔찍하고 가슴 아픈 사건이다. 단지 이 사건은 특수 교육으로 무장한 병사들의 능력이 어느 정도 대단한가를 가늠할 수 있는 사건이기 때문에 피력한다.

여러 차례 언급하지만 우리요원들도 체계적이고 강도 높은 지옥훈련을 거치며 이미 살기 가득한 인간병기로 조련되어 있었다. 인권이 박탈된 우리요원들의 교육기간에는 접견, 외출 등의 기본권조차도 언감생심, 엄격히 제한되었다. 군 지휘부는 오로지 요원들의 살인병기화 작업에만 몰두했다. 군은 그들을 교육한 후 임무수행을 통해 소기의 목적은 이루었지만, 현장에 투입되었던 인격들은 아직도 피투성이 너덜거리는 채로 남

전설의 해병대 망치

아있다. 작전 성공만을 위해 분노와 적개심만 응축되도록 잔인하게 조련한 그들이 숱한 세월이 흐른 지금까지도 침묵으로 일관하고 있다. 육신의 상처는 치유된다고 하지만, 영혼의 상처는 치유가 어렵다는 것쯤은 누구나 알고 있을 터. 군은 임무수행을 완수한 우리를 치유와 재활교육 등 최소한의 여과과정도 없이 전역과 함께 나 몰라라 하고 내몰았다. 그리고 전, 현직 군 고위 집단은 우리의 존재 자체를 그들의 기억에서 애써 지워내려 노력하는 모양이다. 아마도 그들에게는 우리요원의 존재가 부끄러운 과거사로 자리하고 있는가 보다.

이렇게 모두의 무관심 속에 내동댕이쳐진 우리들은 누구의 보호 장치나 돌보는 이 없이 사회의 일상생활에서 비켜선 채 제구실을 못하고 있다. 개중에는 사회에서 제법 성공반열에 낀 자도 있지만 거의 대부분이 사회적응에 불편을 느낀 채 소외감 속에 하루하루를 지내고 있다. 제대 후 대인공포증과 여러 증후군에 시달렸지만 이를 극복하여 사회에서 제자리를 찾은 이도 있지만 이들도 나이가 들면서 또다시 옛날의 후유증에 신음하고 있다. 결자해지(結者解之)라고 하지 않는가. 매듭은 묶은 자가 풀어야만 순리이며 이치에 맞는 일이지만, 어찌 하겠는가. 묶은 자는 외면하고 침묵하고 있는 것을.

우리요원들은 생존훈련으로 수중결색을 반복해 터득했다. 온 몸을 꽁꽁 결박해서 물속에 빠트려 놓아도 스스로 풀고나와 살아남는 법을 몸에 익히는 훈련이다. 이미 우리요원들은 묶여 있는 것을 풀어서 살아남는 법을 반복 숙달한 결자해지의 달인이다. 그리고 우리요원들은 남부럽지 않은 전우애를 자랑하고 있다. 생사를 넘나드는 숱한 작전을 함께 수행한 끈끈한 정은 어느 무엇 하고도 바꿀 수 없는 전우애로 다져져 있다.

우리는 무엇을 바라지 않는다. 우리요원들의 헌신적인 노력과 100만 해병전우들의 자존심을 건 해병역사를 바로 잡고자 노력할 뿐이다. 여기에 국민들의 성원이 보태어진다면 시대의 아픔으로 얼룩진 우리요원들의 가슴을 말끔히 씻어낼 수 있는 감로수가 될 것이다.

우리전우들은 스스로 매듭을 풀어낸다. 다만 진실을 호도하며 은폐하기만 반복하는 이들. 그들의 표정을 세세히 지켜볼 뿐이다.

4. 봉화가 오르던 밤

아웅산 폭탄 테러사건이 발생하고 난 며칠 후
아직 명령 대기 중으로 긴장하고 있던 대원들에게 갑작스런 출동 명령이 떨어졌다. 올 것이 왔구나. 소대장을 비롯한 요원 모두들 눈빛으로 서로의 무운을 빌며 침묵 속에 군장을 꾸렸다.

"야 얼른 얼른 짐 싸고 신변정리들 해."

요원 중 최고참인 김 선임하사의 재촉에 요원들 모두 묵묵히 머리털도 뽑고 손톱과 발톱 깎아서 종이에 쌌다.

"씨발, 가자."

묘한 기분이었다. 오랜 긴장 속 기다림의 끝에, 긴 시간 싸안고 있던 응어리를 한껏 분출해버리고 싶은 심정이었다. 두려움은커녕, 오랜 훈련을 마치고 막 링에 오르려는 복서의 심정과 같았다. 빛이 차단된 상자 속에 갇혀 있다가 투견장에 들어서는 싸움 개처럼 전의가 용솟음쳤다. 준비가 완료되자.

"각자 위치로."

소대장의 명령에 각 팀은 보트로 향했다.

"각 팀 인원 및 장비 점검."
"정찰 이상 무. 엄호 이상 무. 돌격 이상 무."

전원 출동 준비 완료

"현재 시간 22시 38분, 현 이동은 실제상황이고 실전이다. 명령에 잘 따르고, 모두 살아서 돌아오기를 바란다. 임무 완료 후 보트로 탈출 못할 시를 대비해서 북포리 기지에서 봉화를 올린다. 낙오된 요원들은 봉화를 목표로 이동하도록. 다음 명령은 해상에서 하달한다. 작전이 개시되면 평소 훈련대로 침착하게 작전에 임해주길 바란다. 각자 위치에서 해안으로 이동한다. 이상."

전설의 해병대 망치

요원들 신속하게 해안으로 이동했다.

"해상으로 진수."

무 월광의 밤

세상은 온통 까맣게 덧칠되어 있었다. 우리요원들이 승선한 보트 3대는 먼 바다로 나가 백령도 주변을 몇 시간째 돌고 있었다. 바다에 진수하여 바싹바싹 타들어가는 혓바닥에 침을 모아 마른 입술을 축이며 비장한 각오로 해상에서 대기하고 있었다. 두 눈을 부릅뜨고 기다리는 험한 바다는 유난히 파도가 높아 앞 보트가 파도를 타고 올라가면 뒤 보트가 보이지도 않았다.

바다 한 가운데서 명령이 떨어진다는 생각에 북으로 넘어 가야만 한다는 각오로 NLL를 넘나들며 명령을 기다렸다. 갑작스런 해류와 돌풍으로 통신은 두절되었고 간간히 들려오는 무전기에 '귀~~ 하하 하라는 뚜뚜뚜' 잘 들리지도 않았고 무슨 명령인지 분간이 되지 않았다.

금방 보트는 뒤집어 질 기세로 파도는 높아졌고 명령은 하달되었는지 아닌지 점점 위험한 바다의 풍향에 '뚜~~~ 뚜뚜‥‥‥‥‥.' 무전기만 요란하게 소리음을 내고 있었다.

"네, 알겠습니다. 오바."

소대장이 무전으로 명령을 받은 모양이었다.
소대장은 주변 보트를 점검했다.

"엄호, 현재 요원들 사기는?"
"이상 무."
"정찰, 현재 요원들 사기는."
"이상 무."

소대장은 우리 돌격팀 보트에 승선해 있었다. 요원들 모두 보트에 납작 엎드린 채 명령만 기다리고 있었다. 봉화가 올랐다. 요원들 모두 봉화를 보며 위치를 가늠했다. 적진의 서치라이트는 까만 밤바다를 비추며 계속해서 우리요원들을 핥고 있었다. 뱃전을 부딪치는 잔물결의 일렁임 외에는 요원들의 호흡도 정지된 느낌이었다.

긴 기다림 끝에 다시 무전을 받은 소대장
"요원들 철수한다." 철수하라는 수신호가 떨어졌고 먼 곳에서 봉화불은 계속해서 타고 있었다. 귀환명령은 내려졌고 보트를 돌려 노련한 요원들은 험난한 파도를 헤치고 전 요원 부대 앞 해안으로 향했다. 처음 출발한 해안에 접안하자 각자의 위치에서 인원과 장비를 점검했다.

"폭파 이상 무. 엄호 이상 무. 돌격 이상 무."
"오늘은 다행히도 실전이 없었지만 여러분들 노고에 감사한다. 현재 04시 10분. 상황을 종료한다."

소대장이 상황종료를 알렸다. 해안에서 우리를 기다리던 여단 작전참모는 크게 화가 난 상태지만 요원들의 등을 두드리며 이 험한 바다에서 살아서 돌아온 것을 기뻐하고 있었다. 전방의 전투태세로 대기하라는 지역의 부대 명령이 하달되는 과정에서 잘못 전달되었고 우리요원의 명령대기는 NLL선상이 대기선상이다. 바다로 곳 바로 진수한 우리요원은 NLL선상에서 명령을 기다리게 되었다.

이 험한 날씨에 혹시나 하는 마음에 여단참모는 우리요원에게 급히 전화 연락을 하였다. 그러나 벌써 우리요원들이 진수한 것을 알고 남아 있는 요원에게 수시로 무전으로 접선을 했으나 접선이 잘 안되었다. 여단 참모는 우리요원의 대기지점까지 오는 동안 가슴을 녹여 내렸다며 험한 파도를 넘고 돌아온 것에 또 다시 요원들의 실력을 인정한다며 우리를 격려하였다. 하지만 요원들은 차라리 명령이 떨어져 임무를 완수 했으면 하는 아쉬움을 가지고 있었다. 하지만 아직도 봉화는 타오르고 있었다.

우리요원들의 작전 중 일부인 봉화 신호
계획된 작전의 경우 작전 일주일이나 보름 정도 전부터 봉화를 계속 올려 적의 관심을 약화시켜 경계심을 풀게 한 다음 작전에 돌입한다. 임무 완수 후 적으로부터 공격을 당하여 보트가 침몰 혹은 유실되거나 낙오자가 발생할 때를 대비해서 아군지역으로 귀환을 돕기 위한 등대 역할로 봉화를 올린다. 봉화는 우리요원의 절망과 희망을 함께 하는 영원한 동반자였다.

5. 소름 돋던 밤

앞서 망치작전 임무 수행 중에는 여러 가지 위험 요소가 있다고 말한 적이 있다. 그 중에서도 망치작전 임무의 특성상 아군에게 피격될 가능성도 가장 큰 요소 중 하나라고 할 수 있다. 망치작전의 임무수행은 무 월광이나 해무로 시야확보가 어려울 때가 정점이라고도 소개한 바도 있다.

그때도 무 월광의 밤이었다.

우리요원들은 그날 밤도 여느 때와 다름없이 임무 수행 중이었다. 목표물을 향하여 접근 중, 항로를 좀 벗어났나 보았다.

'철거덕'

금속성 마찰음이었다. 본능적으로 위험을 감지했다. 임무 수행 중에는 숨 고르기까지 익숙한 요원의 청각은 예민했다. 누군가 우리를 겨누고 있다는 것. 야간 투시경으로 해안을 살핀 결과 아군 해안 초병이 이상한 물체를 발견하고 거치형 중 기관총인 켈리버 50(M2b)으로 사격자세를 취하고 있었다. 우리가 조준사격을 하면 아군 한 명이 피격될 것이고, 경비병이 기관총으로 난사하면 우리요원들이 몰살할 수도 있는 긴박한 상황이었다. 자칫하면 아군끼리 교전까지 이어질 수도 있는 일이었다.

위험에 처하면 반사적으로 조준하는 습관이 몸에 밴 우리요원.
척후 스윔어들이 조준자세를 취하자 이들을 제지하며 소대장이 나섰다.

"야 ~ 망치다, 망치."

큰 소리로 우리의 존재를 알렸다. 적막한 밤, 소대장의 목소리가 쩌렁쩌렁 울렸다.

사태를 파악한 초병이 공격 자세를 푸는 것을 보고 대원들 모두 안도하며 참았던 숨을 토해냈다. 임무 수행 중 작전공조가 제대로 이루어지지 않거나 작전 해역을 이탈할 경우 흔히 발생할 수 있다. 소대장의 기지와 초병의 올바른 상황 판단으로 위기를 넘겼다. 파악되지 않는 **위험물체는 감지되면 즉시 발포하는 것이 초병의 수칙이다.**

전설의 해병대 망치

선 조치 후 보고 원칙이 적용되는 곳이 최전방이다. 즉, 제한구역 내에서는 확인불가 인명은 명령 없이 살상해도 징계는커녕 포상을 받게 되어 있다. 우리는 가능한 온몸의 감각기관을 모두 깨워서 산재한 위험으로부터 스스로를 지키며 살아남아야만 했다.

당시 우리요원들이 임무를 수행하기 위해 바다로 나가는 그 순간부터 어느 누구로부터도 보호를 받을 수도 없고 우리요원들은 서로를 의지할 수밖에 없었다.

6. 국방부 시찰단

2차 망치(8·12)요원 시절. 초가을 어느 때인가로 기억된다. 점심을 마치고 야간 임무수행을 위하여 장비점검을 하려던 참이었다. 긴급 무전이 왔다. 약 1시간 후에 국방부 시찰단이 임무수행 상황을 참관하기 위해 부대를 방문한다는 거였다. 즉시 출동준비를 갖추고 부산스럽게 움직이고 있는데 C-4 수송기 한 대가 낮게 날아 사곶 쪽으로 향했다. 사곶 해수욕장에 착륙하나 보다.

백령도에 비행기가 착륙하는 것은 흔치 않은 일이지만 착륙지는 사곶 해수욕장 천연 비행장뿐이었다. 대개 우리부대 부근 상공을 통과하여 착륙했다. 비행기가 보이자 점검단임을 직감했다. 우리는 신속하게 출동태세를 갖추고 해안에 집결했다.

잠시 후 군용 지프 여러 대에 분승하여 각 군 장성들이 왔다. 먼 곳에서 흘끔 보아도 초가을 햇살을 받아 그들의 모자와 어깨에 박힌 별들이 화려하게 빛을 뿜고 있었다.

국방부에서 각 군 장성들이 시찰을 온다는 것은 우리요원들이 해병 자체의 필요에 의해 그저 전지훈련 목적으로 최전방에 배치해 설렁설렁 군생활이나 때우는 그런 부대가 아님을 뜻하는 것이리라. 우리는 평소처럼 먼 바다로 나갔다가 접근하며 소총 유효 사거리에 도착, 척후 스윔어의 신호를 기다리고 있었다. 늘 해오던 일이었지만 주간작전은 낯설고 여러 장성들 앞에서의 시범이라 조금은 긴장도 되었다.

척후 스윔어의 수신호에 따라 페달링으로 접근, 팀별로 신속하게 움직였다. 우리 돌격팀 차례에 이르자 폭파임무를 맡고 있었던 나는 신속하게 폭약을 설치하고 도전선과 도폭선을 깔면서 퇴각했다. 도폭선은 직접 불을 붙이는 것이고 도전선은 스위치를 작동해서 폭파하는 방식이다. 도폭선은 가끔씩 중간에 불이 꺼지기도 해서 실패 확률이 높다. 확률은 낮지만 도전선도 전류가 전달되지 않을 경우도 있고. 완벽한 성공을 위하여 이 두 가지 방식을 함께 사용한다. 신속, 정확한 움직임이 우리요원들의 생명이다.

여러 장성들 앞에서라 긴장했나보았다. 급히 철수하는 도중에 그만 도전선이 역으로 감기고 말았다. 조치를 취하려 안절부절 하는 동안 소대장과 선임하사가 재촉했다.

"뭐해 이 새끼야, 빨리 움직여."

폭파병이 신속히 빠져나와야 소대장과 선임하사가 뒤따르며 스위치를 작동하고 철수하기 때문이었다. 운명을 하늘에 맡기는 방법뿐이었다. 도전선을 그대로 둔 채 철수했다. 폭발이 시범의 하이라이트인데 만약 불발로 그친다면, 그때는 어쩔 것인가?

수많은 외부 장성들 앞에서 우리망치요원의 자존심은 뭉개지고 만다. 그럴 경우 부대 내 쫄따구인 나는 귀대해도 죽은 목숨이나 다름없었고, 나를 제외한 24명의 전우들로부터 쏟아지는 경멸과 증오를 견뎌낼 자신도 없었다. 매사에 적극적으로 참여해서 모든 요원들로부터 긍정적인 인식을 받아오던 내가 고문관이나 공용수로 전락하는 것은 나 스스로도 인정할 수가 없었다. **해안에 엎드려 폭발을 기다리면서 슬그머니 총구를 목에 겨누고 방아쇠에 손가락을 걸었다. 불발로 그칠 경우 자결할 결심이었다.** 폭파임무를 맡은 사병이 실패의 책임을 지고 한 목숨을 버림으로써 우리요원들의 책임감과 자존심을 지켜주고 싶었다. 전신에 땀이 흘렀다. 그 순간이 왜 그토록 길게 느껴졌을까? 방아쇠에 건 손가락에 힘을 주며 폭파지점을 응시하고 있

전설의 해병대 망치

었다.

'콰과 쾅'

폭발음이 들렸다. 늘 해오던 폭파였지만 가장 황홀한 폭발음이었다.

"하느님 감사합니다. 부처님 감사합니다. 전우 여러분 감사합니다."

눈물이 났다. 얼른 눈물을 훔치고 자세를 고쳤다. 점검단의 박수소리와 웃음이 섞여 들렸다.

"필승."

점검단은 금일봉을 하사하고 돌아갔다. 우리요원들 모처럼 큰 잔치를 벌였다. 만약에 그날 폭파임무를 완수하지 못했더라면 점검단은 폭파시범 대신 한 사병의 자살 장면만 보고 씁쓸히 돌아갔을 것이고 우리요원의 운명은 어찌 되었을까? 물론 나는 이 글을 소개하지 못했다. 돌이켜 보면 그 시절 우리 모두는 이미 스스로의 목숨도 소중하게 여기지 않도록 길들여져 있었다는 생각이 든다. 명령과 의무에 따른 책임감만을 중시하고 있었기 때문이리라. 짧은 군 복무 기간이었지만 그 때를 포함하여 죽음과 맞닥뜨렸던 순간이 여러 차례 있었다.

7. 특수 사격훈련

우리요원들의 사격훈련도 특별하다. 우리요원들은 무성무기 사용훈련과 저격용 투투 총 사격은 부대 영내에서 하고 수류탄 투척훈련이나 야간 사격훈련은 ○여단 사격장을 이용했다. ○여단 사격장을 이용할 시에도 여단 장병들이 일과를 마치고 난 후인 심야에 비밀리 진행한다. 여단 내 일선 지휘관들도 상부의 허락 없이는 참관할 수조차 없다.

우리요원들의 사격훈련은 물량작전이다. 지향사격 때에는 소지하고 있던 180발의 총탄을 자동으로 모두 긁어댄다. 일반 군에서 10여 발 조준사격하고 난 후 탄피 하나하나 수거하는 일 따위는 우리요원에겐 해당사항이 없었다. 군수물자나 장비는 필요한 만큼, 쓰고 싶은 만큼 조달되었다. 우리요원의 자동화기는 K-1을 사용하다가 화염이 너무 큰 관계로 사수의 동공이 축소됨으로 시야확보에 어려움을 겪게 되어 M-16으로 다시 변경해서 사용했다.

제대 후 상수하고 사냥을 나간 적이 있었다. 단기 사병(방위) 출신인 상수는 자신의 사격실력을 자랑하며 으스대기도 했다. 그러냐고 인정하는 것처럼 씩 웃고 말았지만. 일과처럼 사격훈련을 했던 나를 그는 상상조차도 못했다.

우리요원들은 틈이 날 때마다 사격훈련을 했다. 주어진 임무를 완수하기 위해, 요원 개개인을 인간병기화 하기 위해 부단히도 조련했다. 요원 모두가 특등 사수가 되고 모든 분야에 능통한 만능 전사로 거듭나기 위해 날마다 피와 땀을 쏟았다. 국민들 모두 편한 잠을 이루는 야심한 밤에, 세상이 취해서 휘청거릴 때에도 우리는 깨어서 핏발선 눈을 빛내며 내 조국 산하를 지켜내기 위해 사력을 다했다.

8. 또 하나의 적 – 기상(날씨)

망치작전의 임무수행은 악천후가 제격이다. 특수 공작부대의 작전이 평범한 기상 속, 예측 가능한 순간에 행해진다면 성공 확률은 얼마나 될까? 그런 일은 섶을 지고 불길 속으로 뛰어드는 행위처럼 무모하고 작전 또한 실패로 끝날 것은 불 보듯 자명한 일이다. 짙은 해무 속이나 악천후에는 우리에게도 그만큼의 위험은 따르겠지만 실전 시에는 적도 우리의 작전을 감지하기 쉽지가 않다. 그러므로 우리요원은 주로 나쁜 기상 속에서는 더욱 활발하게 임무를 수행해왔다. 강한 바람이나 높은 파도, 시야 확보가 어려운 짙은 해무가 낀 밤에 행해지는 우리의 활동은 요원들의 생명을 늘 위협한다. 어쩌다 풍향이 갑작스레 바뀌면서 발생하는 삼각파도를 만날 때는 등골이 오싹해지기도 한다. 끝이 뾰족하게 서는 큰 파도를 정면으로 마주할 때의 7~8인승 코만도-5 보트는 태풍 앞에 놓인 가랑잎처럼 초라해진다.

높은 파도에서의 작전은 항해가 아니라 비행에 가깝다. 파도와 파도 사이를 공회전하면서 날듯이 항진하기 때문이다. 그럴 때는 요원 모두가 보트에서 튕겨져 나가지 않도록 가능한 자세를 낮추고 보트 양쪽에 연결된 생명선을 꽉 움켜쥔 채 운명은 그저 하늘에 맡긴다고 표현해야 옳겠다. 아무리 주의해도 가끔은 요원들이 튕겨져 나가 거센 파도와 조류 때문에 적진이나 아군 지역 지뢰지대로 급속히 떠내려갈 때가 있다. 특히 목표지점을 향하여 수영으로 접근해야 하는 척후 스윔어들은 자주 이런 위험에 노출되기도 한다. 한 치 앞도 분간할 수 없는 까만 어둠 속, 휘몰아치는 강풍과 험난한 파도를 뚫고 조난된 요원들을 구출하기 위한 나머지 요원들 모두는 사력을 다한다. 돌이켜 보면 그런 악조건 속에서도 요원들을 잃지 않고 임무수행을 완료했다는 사실이 믿기지 않을 정도다. 물론 요원들을 무사하게 이끈 소대장 이하 팀장인 선임하사들, 고참 요원들의 공로가 가장 크다 하겠다.

무엇보다도 숨이 끊길 듯한 고통을 극복하며 이수한, 인간의 한계를 넘어서는 무지막지한 여러 특수교육으로 다져진 망치(8·12)요원 개개인의 상상을 초월하는 능력. 바로 그 힘이 크게 작용했다고 믿는다. 처절한 망치작전의 사투를 펼치고 무사 귀환한 우리해병 특수공작대 망치요원들 모두에게 위로와 함께 고마움을 전한다.

9. 비극 – 칠포 831 사건 뒷이야기

육군 해안 방어진지의 오인사격으로 세 명의 전우들을 잃었던 831사건에 관하여 이미 피격 현장에서 구사일생했던 조용래 요원과 박태헌 요원의 증언을 통해 서술한 바가 있다. 세 명의 전우를 잃고 소대장을 포함해서 여섯 명의 전우가 부상했던 사건, 당시 그들이 피격되었던 ○중대 첨병 보트에 가장 근접해 있다가 함께 피격되었던 지휘관의 증언을 덧붙인다.

○중대 피격보트에서 불과 20~30m 후방에 위치하고 있던 ○중대 첨병 보트에 승선하여 함께 피격되었으나 지휘관으로서의 기지와 통솔력을 발휘해서 다행히 한 명의 대원도 잃지 않았던 ○○대대 ○중대장 김 모 대위의 증언으로 사건을 재구성한다.

그의 증언은 훈련을 직접 지휘, 통제했던 지휘관이었으며, 사고 현장수습과 순직자 및 부상자 후송도 지휘, 통솔했고, 군 수사기관원들의 조사 과정에도 참여했던 일선 지휘관인 당사자의 증언이라는 점에서 참여 사병들과는 또 다른 시각으로 사건 전후를 파악하고 정리하는 데 매우 귀하고 중요한 자료다.

그 사건 이후, 예기치 못한 비극적 상황으로 혈육 같던 전우들을 잃고 비통해하고 분노하던 일부 대원들은 사고책임 소재를 따지다 해당 지휘관들을 원망하기에 이르렀다. 그러는 가운데 사건 발생 경위에 대해 근거 없는 소문이 나돌기 시작했다고 한다. 지휘관들끼리 내기를 해서 무리하게 상륙을 시도하다 아까운 대원들이 피격되었다거나, 해병대의 기를 꺾어놓기 위한 육군 측의 음모론 등 왜곡 과장되거나 날조된 유언비어가 30년 가까운 세월이 흐른 지금까지도 이어지고 있는데 대해 심히 우려했다.

김 전 중대장은 훈련을 지휘하고 직접 참여했던 당사자의 입장에서 진실을 밝히고자 한다고 했다. 정체도 없는 악성 루머로 인하여 사건 훈련을 지휘했던 대대장을 비롯한 지휘관들이 정신적으로 심한 고통을 당하고 있다. 이번 기회에 그들 모두의 명예를 훼손하는 일을 차단하고 근거도 없는 논란에 종지부를 찍어 더 이상 소모적인 논쟁을 끝맺음 하고 싶다고 했다.

그는 자식을 잃은 부모에는 미치지 못한다 하더라도 부하를 잃은 지휘관의 심정도 그와 유사할 것이라며 그 날의 악몽과도 같은 상황으로 순직한 대원들을 떠올리는 듯 안타까워했다. 그리고 조심스레 말문을 열었다.

사건 당시 대대장이었던 이 모 중령은 대한민국 해병대나 해병대를 통제하고 있던 해군에서 뿐만 아니라 전군을 통틀어서 보석과도 같은 존재였다고 했다. 칠포의 비극적 사건이 발생한 후에는 고위 지휘관들보다 그의 지휘 능력이나 사람 됨됨이를 높이 평가해 평소 그를 존경해왔던 하급 장교나 사병들이 오히려 그의 구명을 위해서 더욱 적극적이었다고도 했다.

김 전 중대장은 25년간의 군대생활을 통하여 3번의 죽을 고비를 넘겼는데 그 중 하나가 바로 칠포 831사건이라고 했다.

그날의 상황을 다시 정리한다
당시 ○○대대는 IBS 기습상륙 기초훈련을 위해서 칠포 해안에 천막을 치고 주둔하고 있었다. 대대병력은 4주 간 일정으로 대대 교육계획에 따라 훈련 중이었다. 훈련을 담당하고 있던 교관과 조교들은 특수 수색교육 제23차, 제24차를 수료한 대원들과 망치요원들로, 백령도에 나가 임무를 수행하고 돌아온 망치요원들이 주축이 되어 교육훈련에 임했다고 한다.

1983년 8월 30일

주간에는 칠포 주둔지에서 칠포해수욕장까지 고무보트 페달링를 선착순으로 한 후라서 대원들도 몹시 지쳐 있었다. 그 선착순에서 김 중대장이 승선했던 보트가 대대 선착순 1등을 하였다고 한다. 그날은 야간 과업이 예정되어 있지 않던 날로 저녁 식사를 마치고 석별 과업으로 각 중대별 칠포해안 구보를 하였다. 그 뒤 샤워를 마친 중대장들은 소대장들에게 사병 신변정리를 지시하고 상황실로 가서 대대 작전참모와 함께 명일 과업에 대한 회의를 했다고 한다.

회의를 마친 김 중대장은 대대장 막사로 찾아갔다. 그날이 마침 ○중대장이 생일을 맞이해서 지휘관들끼리 조촐하게 생일 파티라도 했으면 좋겠다고 건의하자 대대장도 흔쾌히 응했다고 한다.

19시 20분경

대대장과 각 중대장들은 흥해 시장 안에 있는 추어탕 집을 찾아가 반주도 생략한 채 저녁식사를 했다.

20시 30분

식사를 마친 일행들은 주둔지로 복귀했다고 한다. 그날은 음력으로 22일이어서 아직 형태를 갖추고 있는 하현달이 칠포해안을 환하게 비추고 있었다고 했다. 좋은 기상 여건에 유난히 훈련 욕심이 많고 교육에 열정

적이었던 대대장과 중대장들이 전 대대병력 상륙훈련을 하자는데 의견이 일치해서 주둔지에 도착하자마자 중대별로 야간 보트훈련 준비를 지시했다. 환자와 근무병을 제외한 전 대대원이 훈련준비에 돌입했다. 사병들은 고무보트에 공기를 주입하고 해상 진수 전 준비운동으로 P.T체조를 하며 몸을 풀었다.

22시

O중대가 첨병 중대로 진수를 시작했고, 약간의 시차를 두고 돌격 중대인 O중대가 그 뒤를 이어서 예비대인 O중대와 대대장이 탑승한 지휘본부의 보트가 마지막으로 진수를 마쳤다. 대대 보트 행렬 중에 대대장이 승선한 지휘본부 코만도-5 보트에만 25마력 에비누드 모터를 장착해서 무전기로 각 중대를 통제했다. 김 중대장이 지휘하는 O중대원들이 진수를 하자마자 지휘본부에서 무전이 날아들었다.

"12시 방향 양현 앞"

지휘본부의 명령에 따라 우측으로는 대보 호미곶 등대불과 좌측으로 영덕 축산항의 등대로 대대 보트 행렬의 중심을 잡으며 30분 이상 페달링으로 공해상을 향해 항진해 나갔다. 김 중대장은 첨병보트에 무전병과 함께 승선해서 중대를 통제했는데 그 보트는 오전 대대 선착순에서 1등을 했던 보트다. 구성원들은 특수 수색교육을 이수한 대원 및 망치요원들로, 백령도에서 특수임무를 수행하고 돌아온 망치요원들로서 훈련이 매우 잘되어 있는 팀이었다. 첨병보트에 승선한 중대장은 대원들보다 신속하게 해안에 상륙했다. 뒤따라 상륙하는 중대원들에게 작전지시를 해야 하며 이들을 통제해야 하기 때문이었다. 다시 지휘본부에서 무전이 왔다.

"좌현 뒤 우현 앞, 양현 앞. 칠포해수욕장으로 각 중대별 은밀하게 상륙한다."

김 중대장은 지휘부의 명령에 따라 공해상을 향해서 항진하던 중대 병력의 보트를 되돌려 해안으로 유도하기 시작했다. 그때 칠포 해안을 바라보는 순간 시야에서 포착하기 어려울 만큼 너무 멀리 나왔다는 것을 직감할 수 있었다. 양현 앞으로 대열의 방향을 직진으로 유도하며 약 30분 가까이 페달링으로 목표지점에 접근중 지휘본부에서 현 위치를 물어왔고 신속히 칠포해안으로 상륙하라는 독촉 무전이 계속해서 날아들었다.

조류의 흐름이 이상하다는 낌새를 챈 김 중대장이 갖고 있던 휴지를 찢어 바닷물에 띄워보았다. 물에 띄운 휴지는 북쪽 방향인 울진 쪽으로 급속히 이동하는 것이었다. 유속이 3~4 노트는 되는 것 같았다. 중대병력이 조류에 떠밀려 울진 방향으로 너무 많이 흘러든 것을 인지한 김 중대장은 대대 지휘본부로 무전을 띄웠다. 불과 20분 전만 하더라도 전방에 있는 첨병 중대인 ○중대와 후방의 예비 중대인 ○중대가 시야에 들어왔었으나 ○중대 병력 행렬 외에 다른 중대는 시야에서 사라져버렸다. 다시,

"좌현 뒤 우현 앞. 양현 앞."

김 중대장의 지시에 따라 ○중대 첨병보트는 조류의 반대방향으로 힘껏 페달링을 했는데, 아무리 노를 저어도 배는 꼼짝을 하지 않고 원위치를 유지하고 있는 것 같았다. 김 중대장은 하는 수 없이 대대 지휘부에 무전을 띄워 조류의 영향으로 대원들 모두 기진맥진해 있다고 보고했더니 대대장으로부터 병력을 가까운 오도 해안으로 상륙시키라는 명령이 하달되었다. 김 중대장의 ○중대 첨병보트가 해안으로 근접해 상륙을 시도하고 있을 무렵 약 20m 전방 우측 45도 지점으로 시커먼 물체가 시야에 잡혔다.

김 중대장은,

"몇 중대인가?"

하고 낮게 물었다.

○중대 첨병 보트를 지휘하고 있던 소대장 이 모 중위가

"○중대 첨병 보트입니다."

라고 대답했다. 김 중대장은 ○중대의 보트가 ○중대보다도 더 북쪽으로 흘러들었다는 판단이 들었다.

1983년 8월 31일 0시 20분경

훈련을 하는 동안 어느새 날은 바뀌어 있었다. 김 중대장은 당시를 하현달이 칠포 뒷산에 걸려 넘어가는 시점이었지만 약 50m 정도 시야 확보가 가능한 청명한 기상이었다고 기억했다. 칠포 오도 상륙지점을 눈앞에 두고 지휘본부에 무전을 띄워 ○중대 첨병보트는 전방 20m 지점에 있고, 앞으로 10분 후면 ○중대 전 병력이 상륙을 완료한다고 보고했다. 김 중대장을 포함해서 11명이 승선했던 ○중대 첨병 보트는 페달링으로 약 45도 대각 항진을 하며 오도해안을 향해 접근해 들어가던 순간이었다. 갑자기 허공에서 81㎜ 조명탄이 솟구치며 터지고 우측 육군 해안방어 초소에서 대대원들의 보트를 향해 서치라이트를 비추더니 HMG 기관총과 M60 기관총이 둔탁한 연발 총성을 내면서 쏟아지기 시작했다. 총격과 함께 예광탄의 불빛은 마치 불꽃놀이를 하듯 꼬리를 물고 이어졌다.

그 순간 김 중대장의 ○중대 첨병보트보다 전방 약 20여 m 지점인 해안에 근접해 있던 ○중대 첨병보트에서 날카로운 비명소리가 생생하게 들려왔다. 김 중대장은 즉시 전 대원들을 보트에서 이탈시켜 바다에 뛰어들게 하였다. 그런 뒤 실탄이 날아드는 방향으로 보트를 돌려 보트 뒤로 전 대원을 은폐시켜 방어했다. 그러면서 느닷없는 집중사격에 당황하여 겁에 질려 있는 대원들을 안심시키고 통제하기 위해서 대원들 모두를 중대장 뒤에 이열 종대로 밀착해 있으라고 지시했다. 그렇게 한 후 육군 진지를 향해서 소리를 질러댔다. 김 중대장이 선창을 했고 대원들 모두가 목소리를 모았다.

"사격 중지, 사격 중지. 우리는 해병대 ○사단 훈련부대다."

대원들 모두 목이 터져라 외쳐댔지만 육군 해안방어진지에서는 사격 중단은 고사하고 오히려 소리가 나는 방향으로 서치라이트를 조준해서 욕설까지 섞어가며 더욱 맹렬하게 사격을 가해왔다. 실탄은 소나기처럼 날아들고 대원들의 생명도 풍전등화나 다름없는 위험에 노출되어 있는 절체절명의 위기였다. 공포에 질려 있는 대원들의 용기를 북돋기 위해서 김 중대장은,

"우리는 죽어도 같이 죽고, 살아도 같이 살아야 한다. 곧 지휘부에서 조치를 취할 것이다. 조금만 참고 기다려라. 한 명도 대열에서 이탈하지 말고 중대장 뒤로 좀 더 바짝 몸을 밀착해라."

그런 위기의 순간에도 이 모 대원은,

"중대장님이 더 위험합니다. 제 뒤로 오십시오!"

소리를 지르며 김 중대장의 앞을 비집고 들어와 자신을 희생하더라도 지휘관을 보호하려는 충성스러운 행동을 보이기도 했었다. 이 급박한 상황을 보고하기 위해서 지휘부에 무전을 시도했지만, 바닷물에 완전히 침수되어버린 무전기는 이미 기능이 정지되어 있어서 보고조차 할 수 없는 지경이었다. 대대 지휘본부에서 스스로 상황을 판단하여 어서 조치를 취해주기만을 기다릴 뿐 속수무책이었다.

응사조차 할 수 없는 상황

대원들 모두는 무차별적으로 날아드는 실탄이 알아서 대원들을 피해 지나가 주기만을 바라며 무기력하게 몸을 낮추며 숨을 죽이고 있었다. 김 중대장과 대원들 모두 보트 하나만을 유일한 생명줄로 여겨 보트 뒤에서 은폐하며 방어하는 동안 그 보트에도 수발의 실탄이 관통했다. 그리고 주 튜브에서 공기가 빠져나가는 소리가 들렸고 이내 고무보트는 반으로 주저앉아 있었다. 대원들 모두는 해면 주위에서 수류탄과 함께 M 203 유탄 발사기에서 사격된 유탄이 폭발하는 충격이 온 몸으로 전달되면서 오장 육부가 터져나갈 것 같은 고통을 함께 견디어내고 있었다. 집중사격이 지속될수록 대원들의 고통과 분노가 극에 달했고 보복심도 들끓기 시작되었다.

대원들은 하나같이,

"개 새끼들 나가기만 해봐라 모조리 죽여 버릴 거다."

라며 이를 갈고 있었다고 한다. 30분 가까이 빗발치던 사격이 갑작스레 멎고 한동안 정적이 이어졌다. 그러나 아직 사태를 파악할 수가 없었던 김 중대장과 대원들은 모두 숨을 죽이고 있었다.

"O중대장, O중대장. 상황이 모두 끝났으니 빨리 상륙하라."

해안으로부터의 대대 작전 참모 목소리가 들렸다. 그 순간,

"아 이제 살았구나."

안도하면서 긴장이 풀리자 전신에 힘이 모두 빠져버린 듯 탈진할 지경이었다. 응답을 하려해도 목소리조차 제대로 나오지가 않았다. 그러나 김 중대장은 억지로 몸을 추수려 사태파악과 사후 수습을 위해 대원들에게 인원파악을 지시하고 걸어서 집중난사 당했던 O중대 첨병보트의 피격 현장에 도착했다. 그곳에서 O중대장의 피격보트와의 거리가 20~30m에 불과했다. O중대 첨병보트를 지휘했던 이 모 소대장은 다리에 관통상을 입은 채로 피를 철철 흘리면서도 쓰러진 대원들을 수습하며 예고

없이 닥친 엄청난 상황에 어찌할 바를 몰라 당황하고 있었다. 후미에 위치하고 있던 O중대 첨병보트에서는 인원파악 결과 변연수 대원이 실종되어 대원들 모두 변 대원을 찾느라 물속을 뒤지며 부산스레 움직이고 있었다.

김 중대장은 O중대 첨병보트 팀원들에게 변 대원을 수색하는 것을 잠시 보류하고 해안 피격 현장으로 대원들을 모두 불러들여 O중대 첨병보트의 사망자와 부상자를 구조하고 구급차가 도착할 지점 도로까지 후송을 지시했다.

O중대 첨병보트를 지휘했던 이 모 소위는 다리에 관통상을 입은 채로 부상당해 피범벅이 된 다리를 질질 끌면서 O중대원들과 힘을 합쳐 대원들의 구조와 시신 운구, 부상자 후송에 끝까지 함께 했다. 해병 장교다운 투혼이었다.

고 정병구 해병의 시신은 보트에서 이탈되어 물속에서 인양했으며, 고 김병철 해병은 무전기를 메고 다른 부상자들과 함께 부축되어 후송될 도로 근처까지 걸어갔다가 갑자기,

"O중대장님 제 가슴이 좀 이상합니다."

라는 말을 하고 그 자리에서 쓰러져버렸다. 고 김 대원은 구급차가 현장에 도착해서 포항병원으로 이송되기 직전까지는 생존해 있었다. 고 도정근 해병은 사망자와 부상자를 모두 수습하고 사고보트를 해안 안전한 곳으로 인양하려고 대원들 모두 힘을 모으는 과정에서 보트 사수 쪽 가로튜브에 엎드린 자세로 순직해 있는 채 발견되어 맨 마지막으로 운구했다.

피비린내와 화약 연기로 가득한 아비규환의 현장에서 순직한 대원들과 부상을 입고 신음하는 대원들을 마주하는 순간 김 중대장은 사태를 냉철하게 파악하고 사고를 수습해야 할 지휘관이라는 본분은커녕 이성조차 완전히 잃어버렸다. 확 돌아버렸다고 했다. 김 중대장은 현장 주변에서 서성거리는 육군 장교와 병사 몇 명을 발견하자 그들에게 달려들며,

"이 개새끼들, 너희들은 뭐하는 놈들이야. 아군에게 총질이나 하는 빨갱이 새끼들이냐?"

라고 욕설을 뱉어내며 M-16 개머리판으로 마구 두들겨 팼다고 한다. 전우들 구조를 마친 대원들도 합세해서 주변 육군 병사들을 닥치는 대로 패댔다고 했다. 때마침 그때 현장에 도착한 이 모 대대장이,

"야, ○중대장. 더 이상 일 키우지 말거라. 대원들까지 동조하면 더 큰 상황이 발생될 수도 있다. 중대장부터 자제하고 좀 추스르라,"

대대장의 당부 섞인 명령에 김 중대장은 울분을 채 삭히지 못하고 매질을 멈추었다고 한다. 김 중대장은 O중대원들을 다시 집결시켜 육군 해안진지의 오인사격 표적이 되어 형체도 알아보기 힘들만큼 처참한 모습으로 피격된 O중대 첨병 보트와 O중대 보트를 해안가로 옮겼다.

그 후 실종된 변연수 대원 수색작업을 재개했다. 대원들이 물속을 뒤지며 큰 목소리로 변 대원을 부르고 있노라니까 변 대원이 응답을 하면서 모습을 드러냈다. 김 중대장은,

"너 살아 있었구나."

살아 돌아온 부하가 너무도 고맙고 대견스러워 김 중대장은 변 대원을 덥석 끌어안았다. 변 대원은 집중 사격을 받게 되자 사격을 피해 물 밑으로 잠행해서 해안가로 올라가 상황이 종료될 때까지 안전한 곳에 은신해 있었다고 했다. 사격이 멈추고 전우들이 자신을 찾는 목소리가 들리자 확인 후 현장으로 나타났다는 거였다.

상황이 대충 수습되자 대대장은 전 대대원의 칠포 주둔지로 철수를 명했다. 김 중대장이 승선했던 O중대 첨병 보트도 십여 발의 실탄에 피격되어 이미 보트로서의 기능을 상실한 탓에 해상에서 상륙도 못하고 대기 중에 있는 대원들과 합류할 수가 없었다.

대신 김 중대장에게는 구급차와 군용 트럭에 순직한 대원들과 부상병들을 포항병원으로 후송해서 관리하라는 명이 주어졌다. 김 중대장은 ○중대 첨병보트에 함께 승선했던 대원 10명을 인솔하여 부상자들은 병원 응급실로 후송했고 순직자들은 영안실로 운구했다. 그리고는 병원 근무조를 편성해서 근무자들을 배치했다. 이어 ○○대대로 내려간 김 중대장은 ○중대 잔류 책임자를 깨워서 순직한 대원들의 증명사진을 찾아내게 한 후 오천에 있는 럭키사진관을 방문, 영정사진 제작을 의뢰하고 칠포 주둔지로 복귀했다.

09시가 조금 넘은 시각

대대장의 막사 앞에는 사령부와 사단에서 온 참모와 군 관계자들의 지프와 승용차가 즐비하게 주차되어 있었다. 상황보고를 위해 대대장 막사로 들어서자 군 수사기관에서 온 수사관들이 이 모 대대장을 상대로 사건 정황에 대한 심문을 하고 있었다. 대대장은 사고 이후 잠시도 눈을 붙이지 못한 듯, 무척 수척해 보였다.

잠시 후에는 국방부 합동조사대도 도착하여 사고현장으로 조사차 나설 때 일행들과 함께 김 중대장도 동행했다. 오후에 다시 찾은 현장에는 지난밤의 악몽이 고스란히 남아 있었다. 집중사격의 표적이 되었던 ○중대 첨병 보트는 해안에서 불과 10m 거리에 위치해 있었다. 난사당한 보트는 완전히 벌집이 되어 폭삭 주저앉아 있었으며 보트 가운데 위치한 가로 튜브 사이에는 불발된 수류탄 3발이 실려 있었다. 그 시간까지 바닥 튜브 공간에는 피와 바닷물이 섞여 흥건하게 고여 있었으며 피비린내가 진동을 했다.

김 중대장이 승선했던 O중대 첨병보트도 주 튜브와 방파 튜브에 M-16 소총과 M-60 기관총 실탄 등에 13발이나 피격되어 다시 사용할 수 없는 폐 보트가 되어 있었다. 김 중대장이 승선했던 그 보트에도 불룩하게 돌출된 바닥 튜브 사이에 세열 수류탄 두 발이 불발된 채 실려 있었다. 그것을 보는 순간 김 중대장도 등골이 오싹해지면서 전신에 식은땀이 흐르는 것을 느낄 수가 있었다고 했다. 보트에 투척된 수류탄이 모두 폭발했더라면 대원들 모두 전멸할 수도 있었을 상황이었다. 보트에 가장 가까이 붙어서 대원들을 독려했던 김 중대장은 살아남지 않았으면 이런 증언도 할 수 없었으리라.

O중대와 O중대 전 병력이 육군 해안방어진지에서 소총 유효사거리인 100~250m 이내에 위치하고 있었던 점을 감안하면, 육군 해안방어부대가 훈련이 잘되어 있었던 정예부대였을 경우 엄청난 인명피해로 이어졌을 것이라는 것이 당시 현장조사차 방문했던 조사관들의 한결같은 목소리였다. 대대장은 조사관들에게 이 모든 상황은 지휘관인 자신이 전적으로 책임을 지겠노라고 의연하게 말했다고 한다. 훈련을 직접 이끌었던 지휘관인 자신에게 엄중한 처벌이 닥치게 될지도 모르는 암울한 상황 속

에서도 순직한 대원들의 장례절차에 관한 문제와 대대원들의 사기 위축을 염려했다고 했다.

현장조사와 사고 수사를 모두 마친 국방부 합조대 조사관들은 칠포 주둔지 상황실 막사에서 육군 ○○사단 관계자와 해병대 사령부 및 ○사단, 연대 지휘관과 작전 참모 등 관계자들 모두 참석한 자리에서 조사결과 브리핑을 통해 다음과 같이 말했다고 한다.

"금번 사고는 불행 중 천만 다행으로 인명 손실이 크지 않았다. 비록 오인 사격으로 인한 사고이기는 하지만, 재발 방지를 위해 작전 시 인접부대와의 협조와 작전 공조에 만전을 기해야 할 것이다."

작전적인 측면에서 보면 해안 방어부대인 ○○사단은 소모한 탄약에 비하여 성과가 없는 것이나 다름없고 작전은 실패했다. 이에 따라 ○○사단 지휘관과 관계자들은 엄중한 문책이 불가피할 것이고, 반면에 공격부대인 해병 ○사단 ○○대대의 작전은 성공한 것으로 평가된다.

교육 훈련적인 측면에서도 해안방어부대의 초병들은 교육훈련이 제대로 되지 않은 상황에서 해안 방어진지에 배치되었다. 보트에 투척한 수류탄이 모두 안전 클립을 제거하지 않은 채 안전핀만을 뽑은 후 투척하여 제대로 폭발하지 않았다. 그리고 일정한 사격 이후에도 공격부대의 저항이 없으면 적이라고 하더라도 생포하여 정보를 취득하는 것이 국익이 될 수가 있다. 이 점을 고려치 않고 지속 사격을 지휘한 지휘관 및 지휘자들 모두 교육이 제대로 되지 않은 부대로 평가된다.

이에 반해 공격부대는 강인한 훈련의 결과로 장사병들 모두 위기에 적절하게 대처하고 일사 분란한 행동으로 피해를 최소화할 수 있었다. 아울러 공격부대는 금번 사고로 희생된 3명의 순직 대원들의 장례는 엄숙하게 치루고 부상병들도 조속히 회복될 수 있도록 치료에 만전을 기해주길 바란다. 피해를 입은 ○○대대장을 비롯한 전 지휘관과 참모들은 장사병들의 사기진작을 위해 노력하고 마무리를 잘 해줄 것을 당부한다."

조사관들은 그런 말들을 남기고 부대를 떠났다.

사고 사흘 후

그날 사고로 순직한 3명의 대원들은 모두 1계급이 특진되어 동작동 국립묘지에 안장되었다. 전 대대원들은 장례식에 모두 참석하여 엄숙하게 전우들을 떠나보내고 칠포 주둔지로 되돌아와서 다음날부터 훈련을 재개했다고 한다. 대대원들은 계획된 훈련일정을 모두 소화하고 난 후 포항 ○사단으로 복귀했다고 했다.

사고 후유증으로 인해 대대장을 비롯해서 각 중대장들도 정신적, 심적 고통으로 오랫동안 시달렸다고 했다. 그러나 지휘관의 품행은 대원들의 사기에 직접적으로 영향을 미치는 만큼 지휘관으로서의 의연함을 잃지 않으려고 무척 노력했다고도 한다.

그 후 ○○대대는 대대장의 탁월한 지휘능력과 통솔력을 바탕으로 각 중대장들과 예하 장교들이 혼연일체가 되어 부대원들의 사기는 단기간 내에 회복되었다. ○○대대는 대한민국 해병대를 포함해서 전 군을 통틀어서 최강 부대라고 자부할 수 있을 만큼 장사병들이 똘똘 뭉쳐 더욱 강한 해병으로 변신할 수가 있었다. ○○대대는 그런 악몽을 딛고 대대 전술훈련 최우수 부대 3년 연속, 개인화기 주야간 사격평가 최우수부대 3년, 공용화기 주야간 사격평가 최우수 부대 3년, 분대장 이상 간부 소양평가 최우수부대 등. 20여 개의 사단 내 우수부대 표창을 한동안 독식하다시피 했다.

김 중대장이 지휘하던 중대는 장승백이 소대 기동사격장을 중대 사격장으로 확대 개편한 후, 사단 최초로 시범 중대에 선발되어 립시 한미 연합군사령관 방문 시, 연합사령관이 참관하는 가운데 시범을 보였고 ○중대의 시범 장면을 주의 깊게 참관했던 립시 사령관으로부터,

"대한민국 해병대가 우리의 적이 아닌 것이 천만 다행이다."
라는 칭찬을 이끌어내기도 했다.

김 중대장은 중대원들을 이끌고 그 시범을 시작으로 사단 시범 3회, IBS 상륙 기습시범 3회도 실시했다고 한다. 김 중대장은 중대장으로서의 임무를 마칠 때까지 대대 전술훈련과 주공중대로서 전장군기 확립을 위해 불철주야 병사들과 함께 무장을 한 채 산과 들을 누비고 다녔다고 한다. ○○대대는 대북 침투 보복응징이라는 특수임무를 수행하는 8·12요원들을 배출하는 주력부대로서, 험한 훈련 시에도 적극 동참해서 사병들과 함께 호흡했던 대대장 이하 일선 지휘관들의 지휘 능력도 강한 부대를 만드는 데 커다란 영향을 미쳤던 것으로 믿고 있다.

김 중대장은, 그런 훌륭한 해병 지휘관들이 근거 없는 소문과 왜곡, 날조된 루머로 인해 그들이 그동안 쌓아놓은 대한민국 해병대 지휘관으로서의 공적과 명예에 흠집이 될까봐 염려하며,

'**누구나 해병이 될 수 있다면 나는 해병대를 선택하지 않았다.**' 라는 긍지로 해병대에 몸을 담아 훌륭한 상급 지휘관들을 모시고 자랑스러운 대한 해병대원들과 동고동락했던 25년의 세월이 자신의 인생에서 가장 자랑스럽게 기억된다며 증언을 마쳤다.

참 해병인 김 모 예비역 해병 소령께 진심으로 감사드린다.

전설의 해병대 망치

우리의 지휘관

일곱째 마당

1. 지휘관과 사병

군대에서 지휘관과 사병은 부모와 자식과 같은 관계로도 이해될 수 있다. 지휘관은 사병들이 군 복무를 무사히 마치고 그들 부모의 품으로 되돌려 보낼 때까지 대리모 혹은, 대리부의 역할도 하게 된다. 특히 중대장과 같은 하급 지휘관들은 중대원들과 동고동락하며 기강 확립을 위해서 때로는 엄한 교사가 되기도 하고, 더러는 자상한 부모가 되어 중대원 모두의 일거수일투족을 관리 감독한다. 그리고 사병들과 수시로 상담하며 그들 모두 원만하게 병영생활을 할 수 있도록 일인 다역의 배우로 지내야만 한다. 군대는 총기나 폭발물을 비롯한 위험물이 도처에 산재해 있기 때문에 잠시라도 사병들의 관리 감독을 소홀하게 되면 안전사고나 충동에 의한 자살, 총기난동과 같은 불상사가 발생할 수도 있기 때문이다.

인간의 감정이나 이해능력은 대동소이하다고 하지만, 같은 사안을 바라

볼 때에도 감독자로서의 지휘관과 사병들의 시각차는 지나치게 벌어질 수가 있다. 사람들은 자신이 이수한 교육이나 문화, 전통 등을 통해 터득한 자기들 나름의 잣대로 사안을 해석하려 들기 마련이다. 그러나 군이라는 특수한 집단에서의 경우는 시각차가 보다 단순하고 명료해진다. 상부의 명령에 따라 중대 구성원 모두를 이끌어야 하는 권한과 책임을 가진 직업 군인으로서의 지휘관과, 병역의무에 따른 복무기간만 때우고(?) 나면 다시 사회인으로 돌아가게 되는 사병과의 시각차는 어쩌면 당연할 수밖에 없을 지도 모른다. 그 거리는, 명령을 해야 하는 지휘관과 그의 명령에 무조건 복종해야 하는 사병과의 관계만큼 확연하게 구분된다.

작전 중에 어떤 불상사가 발생했을 경우
군 집단 전체의 움직임 속에서 불가피하게 발생한 상황이라고 하더라도 그것을 바라보는 지휘관과 사병의 시각차는 클 수밖에 없다. 그 불상사로 자기 자식이나 제자와도 같은 부하에게 불행한 일이 발생했다면 지휘관인들 마음이 편하겠는가. 그래도 지휘관의 입장에서는 그 불행을 애써 의연하게 대처하려 할 것이다. 그런 모습들이 사병들에게는 가혹하고 비정하게 느껴질 수도 있을 것이다. 그러나 대부분의 경우, 명령을 무조건 수행해야 하는 사병의 입장에서는 그 결과를 일방적으로 지휘관의 탓으로 돌리게 된다. 지휘관의 어긋난 작전 전개로 인해 발생한 상황으로 해석해서 지휘관에게 책임을 전가하는 것이다. 안전을 간과한 소홀과 부주의를 지적한다.

물론, 겨우 스무 살 무렵, 아직 덜 여문 사병의 입장으로서의 분석이겠지만. 만약에 그 일로 인해서 같은 내무반에서 뒹굴며 생사고락을 같이하던 피붙이와도 같은 전우가 사망하거나 큰 부상을 당했을 경우에는 그 정도가 더욱 심각해진다. 대다수의 사병들은 난생 처음으로 그들 고향과 부모의 품을 떠나 군 복무를 통해서 자립심과 협동심을 배우고 사회를 체험하며 어른으로 성장해가게 된다. 그러므로 병영은 국가를 지켜내기 위한 군 병력집단일 뿐만 아니라 풋내기 사내들을 어른으로 키워내는 학교이기도 하다. 사병들은 혹독한 훈련을 통해서 용기와 인내를 배우고, 부여된 임무를 완수하며 자립심과 책임감을 터득하게 된다. 사병들에게는 그 시기에 힘든 과정을 함께 견디며 지내온 전우가 자신에게 가장 소중한 자산이며 최상의 가치로 인식하게 된다. 어쩌면 이런 인식들이 사병들과 지휘관과의 거리와 시각차를 갖게 하는 이유가 되기도 한다.

사람들은 자신의 입장과 처지에 따라 다양한 시각으로 세상을 바라보며 살아간다.

우리의 군 시절은 아득한 기억의 저 편에 있고, 요원들 모두 지천명에 이른 지금은 많은 전우들이 그 시절의 일부 지휘관들과 형제처럼 또 다른 인연을 이어가고 있다.

일방적인 관심과 사랑만을 갈구하던 우리들의 젊은 날.

전설의 해병대 망치

혹독한 훈련으로 인해 몸과 마음이 만신창이가 되어서 피눈물을 흘리던 우리에게 더욱 강한 해병으로 성장하기만을 강요하던 지휘관들의 야속함도 많은 세월이 흐른 지금, 우리의 고통을 지켜보던 그 시절의 그들 또한 우리처럼 아파하며 속울음을 삼켰을 것이라는 이해에 이르게 된다.

지휘관도 고독했다.
그들의 노고에 감사한다.

― 무심(無心) ―

山을 만나면
다투려도
오르려도
넘으려도 말자

애써 그 산을 넘으면
더 큰 산이 버티고 있으리니

그저
산을 느끼며

산에 안기면

나 또한

산이 되리라.

전설의 해병대 망치

2. 수색대장 홍 소령

수색대장이며 우리망치(8·12)요원들의 교육대장이었던 홍 모 소령을 27년 만에 수소문 끝에 만났다. 그 분이 망치요원 창설에 직접적인 역할을 했던 분이어서 우리요원들의 창설배경과 정체성을 밝히는 데 키를 갖고 있을 것으로 판단되어 내심 기대가 컸다.

그 분의 증언에 의하면 이렇다.

81년 8월 12일
미그기가 남한 영공을 침투한 것을 기화로 전두환 대통령이 8·15광복절 기념식사 중 대북 강경발언을 한 이후, 8월 26일 서해안 아군지역을 정찰 중이던 미군 정찰기에 대한 북한 측의 미사일 발사가 이어졌다. 대남 무력시위인 셈이었다. 이틀 후인 8월 28일 대통령은 긴급담화를 통해 남북대화 단절을 통보했다.

그로부터 2~3일 후인 8월 말경

미군 첩보대 소속 장교 1명과 하사관 1명이 해병 ○사단으로 홍 소령을 방문하여 며칠 내 특명이 있을 것이라고 통보했다고 한다.

같은 해 9월 1일

판문점에서 개최된 군사정전위원회에서 미국 측은 아군 지역에서의 정찰임무를 하는 아군기에 대해 다시 한 번 도발을 감행할 경우에는 공격의 근원지에 대한 무력 응징을 할 것이라고 경고했다. 그런 직후, 우리해병 ○사단의 제23차 수색교육생을 중심으로 대북 보복공격을 위한 파괴공작부대 창설준비가 시작되었다.

작전명은 망치

9월 19일부터 밀봉교육이라는 미명 아래 90명의 대원을 대상으로 3주 동안 망치 요원 예비교육이 시작되었다. 이후 1982년 1월 4일부터는 보수교육이라는 이름으로 9주에 걸쳐 해병 역사상 최초의 동계훈련, 본격 망치요원 육성교육이 실시되었다.

같은 해 3월 6일

보수교육을 마치자 즉시 상부에 보고.

3월 15일

상부의 재가를 받은 후 엄정한 신원조회와 교육점수 산정으로 우수한 대원 48명을 선발해서 4월 23일 백령 연평도에 각 24명씩 실전배치하며 3년간의 망치요원의 역사를 열었다.

홍 수색대장의 증언에 의하면, 우리요원들은 전 세계 어느 특수부대보다 혹독하고 체계적인 교육을 이수했다고 한다. 우리요원들의 교육장이 되었던 월성 양남 원자력발전소 부근 해상에서 칠포에 이르는 해안지역. 이 지역은 북한 해주인근 지형과 유사했고, 비트 은신교육 등 산악훈련을 전개했던 영일군 소재 향로봉은 해주의 산악지형과 흡사해서 선택했다고 한다. 앞서 설명했던 것처럼 망치요원들에게 주어진 임무는 명시임무였고, 명시임무란 특정한 공격목표를 두고 교육하고 준비하는 임무다. 일반 군의 특수부대가 행하는 훈련은 추정임무로, 전시를 대비해서 불특정 임무를 수행할 수 있게 평소 훈련하고 준비하는 과정이라서, 특명으로 명시임무를 명받은 우리요원들과는 확연히 구분이 된다.

첫째 우리요원들의 임무는, 백령팀에게는 월래도 레이더 기지 파괴, 요인 납치, 또는 암살 공작이 주어졌으며, 연평팀에게는 대수압도와 용매도가 목표로 주어졌다. 백령 망치의 경우 월래도에 주둔중인 북한 병사 20여 명을 전원 사살 혹은 필요에 따라서는 전원 납치도 고려 대상이었다. 그런 이유로 우리 병사 내에 위성사진을 정밀 판독한 사판과 적의 기지 시설물과 똑 같은 모형을 축조하여 눈 감고도 작전을 성공으로 이끌어 임무를 완수할 수 있도록 날마다 반복훈련을 해왔다.

둘째 임무는, 우리요원들은 파랑주의보 등으로 어선과 심지어는 경비정마저 출항을 하지 못하는 악천후에도 항시 출동했다. 해상 30㎞까지 항진해 나가는 이유는, 공해상을 통해 북한 화물선 등으로 이동하는 북측 요인을 사살 또는 납치를 해야 하는 임무도 포함되어 있기 때문이라고 했다.

셋째 임무는, 인민군 복장으로 적진에 침투해서 1차 목표(월래도, 대수압도, 용매도 파괴 및 적 요인 사살 및 납치.)를 완수한 후에 내륙으로 침투, 적의 총기 등을 탈취하여 2차 임무를 수행하기 위해서 비트 은신과 신악훈련을 그토록 혹독하게 시켰다. 산악 훈련 시 적의 아카보 소총을 분해하고 결합하는 훈련을 받은 이유도 그 때를 대비한 것이었다. 정신교육 때마다 적에게 발각되어 생포될 긴박한 상황이 오면 자폭해서 산화하라는 지시를 자주 받았다. **최후까지 저항하다가 여의치 않으면 자폭, 산화하기 위해 우리요원의 양 가슴에는 항시 두 개의 수류탄이 달려 있었다. 수류탄이 유일한 탈출구였다는 얘기가 된다.** 내륙으로 침투하는 그런 상황이 닥칠 경우에는 우리 전 요원은 몰살될 것이 불 보듯 자명한 일이다. 망치요원의 창설배경에는 우리 정부와 한미 연합사령부가 아닌 미군 태평양 사령부가 개입

됐다고 한다.

미군 태평양사령부는 미국 하와이 진주만에 본부를 두고 있다. 예하 부대로는 미 ○함대와 ○함대를 비롯하여 우리나라와 일본에 배치된 ○항공단, 우리나라에 주둔중인 미 ○사단, 대만과 태국의 ○○항공단과 ○해병사단 ○해병 항공단을 거느린 세계 최대 규모의 병력집단이다. 군사통제권이 없는 우리나라가 단독으로 북침을 감행하는 일은 있을 수가 없는 일이다. 미군 태평양 사령부가 개입되었다는 사실은 우리요원들의 임무수행 결과에 따라서 북한과 전면전까지 고려했을 것으로도 짐작케 하는 대목이다. 미군 정보기관은 우리요원들에게 최첨단 무기를 제공하고 우리의 일거수일투족을 주의 깊게 관찰, 상급기관에 보고하고 있었으며 상황이 발생하면 즉각 출동명령을 내릴 준비를 하고 있었다. **이런 엄청난 움직임 속에 우리요원은 악천후와 수시로 닥치는 위험한 상황을 무릅쓰고 부여된 임무를 충실하게 수행해왔다.**

3. 최장기 특수수색대장

우리망치(8·12)요원 첫 선발 시기에 ○○대대 ○중대장을 역임했으며, 이후 대한민국 해병대 역사상 최장기 특수수색대 부대장 겸 특수수색 교육대장으로 장교와 사병들을 정예 해병으로 교육하며 일선에서 해병 전우들을 이끌었던 김 모 예비역 소령.

그는 지휘관으로 재임했던 14년 동안 상급 지휘관들에게 충성하고 부하 사병들은 철저히 훈육했던 원칙주의자였다. 고위 간부들과 부하 장병들에게 '히틀러, 의리의 사나이 돌쇠, 마지막 해병'이라는 별명으로 더 친숙했을 만큼 해병 장교로서 매사를 원리원칙에 입각해서 처리하여 두려움과 존경의 대상이었던 해병 지휘관이다. 사적으로는 부하 장병들의 애로사항에 귀 기울였고, 계급장을 떼고 농담을 주고받을 만큼 허물없이 지냈으며 재임 시절 그와 인연을 맺은 많은 장병들과 지금껏 친분을 유지하고 있을 만큼 정감 있는 지휘관이기도 했다. 해병대 전우들 사이에는 지금도 술판이 벌어지면 특수수색대 교육대장 김 소령의 이야기를 꺼내며 그 시절로 되돌아 갈 만큼 진짜 해병의 표상이요. 해병의 진짜 형님이다.

그의 증언에 의하면 중대장 재임 시절에 망치요원선발은 특수교육을 이수하고 엄격한 신원조회를 거친 대원들 중 ○○대대와 ○○대대에 각 24명씩 할당되었다고 한다. 작전 장교와 각 중대장들이 비밀리에 상의해서 요원을 차출했다고 한다. 그렇게 은밀히 차출된 요원 명단이 어떻게 헌병대나 기무사 그리고 사령부 내 상급기관에 알려지는지 모르지만, 수시로 누구누구는 명단에서 빼달라는 회유와 협박에 무척 시달렸다고 한다.

망치요원 선발은 능력과 체력, 훈련 성적, 신원조회 등 모든 여건에 맞는 대원을 심사숙고하여 결정한 것이다. 그런데 이미 선발된 요원을 빼게 되면 다른 대원을 그 자리에 채워 넣어야 하는데 모든 여건에 부합하는 대원을 다시 찾아내어 빈자리를 채우는 일이 호락호락할 리가 없었다. 망치작전의 임무 자체가 요원들 모두의 생명을 국가에 위탁하고 임지로 향했다. 그래서 그 일이 이 사람을 빼서 저 사람으로 대체하는 단순한 일이 아니라 한 사람의 생명을 좌지우지할 수도 있는 중요한 작업이었기 때문에 고충이 엄청나게 심했다고 증언했다.

망치작전의 임무가 단순한 전지훈련이었다면, 그런 외압이 있을 이유가 전혀 없을 터이다. 선발된 요원들에 대한 생명의 위협을 충분히 감지했기 때문에 직·간접으로 압력을 행사했을 것이다. 또한 단순 전지훈련에 참가하는 대원들에게 구태여 많은 시간과 예산을 투자하며 특수 수색교육과 보수교육(망치교육) 등의 특수교육 이후에도 정신교육과 밀봉교육, 보안교육과 철저한 신원조회에 이르기까지 이런 복잡한 절차를 거쳐야 했던 이유는 무엇이었을까?

자괴감으로 허탈해진다. 줄도 빽도 없이 자신의 의사와는 무관하게 차출되어 죽음의 터로 끌려갔다가 돌아왔음에도 지금은 국가와 군으로부터 철저하게 외면당하고 있는 망치요원들은 도대체 무엇이란 말인가.

국가와 군의 요구에 따라 위험한 지역으로 내몰려서 불안의 밤을 뜬 눈으로 지새우고 돌아온 우리요원들은 정녕 장기판의 '쫄'에 불과한 것인가?

물론 이런저런 방법으로 병역의무를 비켜가는 소위 '신의 아들'이 존재한다는 사실은 어제오늘 일이 아니라고 하지만, 생과 사를 가늠할 수조차 없는 우리요원 선발에까지 그런 검은 손의 뻗어들었다는 사실에 전율을 느낀다.

해병 정예화의 산파역을 맡아 최강 무적해병의 역사를 이어준 최장기 특수 교육대장 김 모 해병 소령.

어려운 증언을 당당하게 할 수 있는 그의 용기에 감사하며, 우리요원들은 신념 있는 이런 훌륭한 해병 장교를 지휘관으로 모시고 젊은 시절을 함께 했던 사실이 자랑스럽기만 하다.

4. 소대장

우리요원들의 집단을 망치부대라고 호칭하는 데는 다소 무리가 있다는 지적이 있다. 군 편제상으로는 연대급 단위는 되어야 제 ○○○○부대로 호칭하는 게 일반적이라는 주장이다. 그러나 사전적 정의로는 조금 다른 해석이 가능해진다.

부대(部隊)
1) 일정한 규모로 편성된 군대조직을 일반적으로 이르는 말.
2) 어떠한 목적을 위하여 한 데 모여 행동을 취하는 무리.

구성원 모두를 합쳐봐야 정상적인 소대 단위에도 못 미치는, 달랑 24명이었던 소규모 단위의 파견분대를 부대라고 호칭하는 것은 다소 무리가 따른다는 지적에 일면 맞는 말이기도 하다. 하지만 사전적 정의가 뒷받침 하듯 부대를 인원의 규모면으로 구분을 하는 경우도 있지만 어떠한 목적을 위하여 한 데 모여 행동을 취하는 무리를 지칭할 때도 있으므로 망치부대라 하더라도 위 두 정의에는 어긋남이 없다. 그러므로 우리를 지휘하던 소대장을 망치 부대장이라고 호칭해도 무리가 아니라는 생각이 든다. 비 편제 독립부대였던 우리망치(8·12)요원들의 직계 상관이며 부대 구성원 중 유일한 간부는 소대장이다.

소대장

우리요원의 소대장으로 재직했던, 해군사관학교나 간부후보생 출신인 그들 대부분의 경우 갓 진급한 해병 중위였다. 소대장은 징집된 고참 사병들과 나이가 비슷하거나 많아야 겨우 두어 살 터울에 불과했고 고참 하사관들보다는 오히려 나이가 적은 이십대 초 중반의 젊은이다.

특명 하달된 임무를 수행하기 위해 요원들을 조련하며 언제나 요원들의 선두에 서야만 했던 소대장. 임무 수행을 위한 각종의 무기들이 산재해 있던 특수부대를 통솔해야 했던 소대장은 외로움과 두려움이 없었을까?

반복되는 야간과업을 위해 내무반 내 요원들의 머리맡에는 수류탄을 비롯해서 폭약, 실탄, 무성무기들이 널브러져 있었고, 이미 인간병기가 되어버린, 신경도 예민하게 발달해서 사소한 일에조차 민감하고 거칠게 반응하는 요원들을 이끌어야 했던 그들은 어쩌면 요원들보다 더 예리하고 고독했으리라.

산악훈련 시 뱀을 생채로 잡아 껍질을 벗겨내어 비린내에도 아랑곳없이 꿈틀거리는 뱀의 몸뚱이를 질겅질겅 씹어 삼키며 요원들과의 기싸움에서 결코 밀리지 않으려 했던 그들의 처절한 몸부림이 돌이켜 생각하면 서글퍼지기까지 한다.

약한 모습의 지휘자는 부대를 통솔할 수 없다. 더구나 군대 짬밥으로 잔뼈가 굵어진 노련한 고참 하사관을 비롯해서 일당백의 살인 병기로 조련된 특수 공작요원들을 이끌어가기 위해서는 더욱 강한 지휘자의 모습을 요원들에게 각인시켜야만 했으리다. 거친 사내들 틈에서 더욱 거친 사내의 모습이 되어 요원들을 압박하며 임무수행에 차질이 없도록 관리 감독하고 질서를 유지하는 것. 요원들의 생명을 책임지고 보살피며 지켜내는 부모의 역할까지 자신의 무장에 더해야만 했던 사명감이, 그때 겨우 스물 몇 살의 젊은 소대장들에게는 가장 중요하고 버거운 과제가 아니었나 하는 생각이 든다.

대원들을 길들이기 위해 때로는 위협사격을 가하여 경고하기도 하고, 형이나 부모처럼 다독거리기도 했던 소대장.

같은 사안이라도 더 높은 곳에서 더 넓은 시각으로 분석하고 처리해야만 했을 망치 소대장들의 갈등과 고뇌가 아린 무늬로 기억될 때 그때 그 시절 소대장의 입장을 헤아리지 못하고 막무가내로 장교와 사병으로 편을

전설의 해병대 망치

갈랐던 우리들의 우둔함에 나이가 지긋한 시기에 옷깃을 여미는 망치요 원인 나를 돌이켜 보게 한다.

5. 우리 소대장

2차 백령망치 시절 우리요원들의 지휘관이었던 서 모 소대장을 어렵사리 만났다. 그는 일찌감치 군문(軍門)을 나와 국영기업체에 몸담고 있었다. 그가 우리요원들을 지휘하던 때가 지금으로부터 햇수로 30년 전이었으니까 그 당시는 스물다섯의 혈기왕성한 청년이었다. 하지만 그렇게 패기 발랄한 그도 이제는 흰머리가 희끗한 중년의 티를 물씬 풍기고 있었다. 그 무렵 그는 우리요원들의 유일한 장교였고 나이는 우리들과 비슷했지만 자기 자신에게 엄격한 우리의 훌륭한 리더였다. 훌륭하다고 표현하니까 이 분을 미화시키는 것 같지만 조금만 허를 보이면 '꽝' 하고 터질지 모르는 원자폭탄 24개를 항상 지근거리에 두고 있으면서 흐트러짐 없이 우리를 잘 지도했기 때문이다. 150kg이 넘는 씨름 선수들이 서로 수를 걸지 못하고 샅바만 잡고 있어도 얼마나 땀을 흘리든가. 그 광경을 상상해 보라.

그도 청년 시절 양 어깨에 남들이 부러워하는 별 하나는 달 수 있다는 푸른 꿈을 가슴에 품고 해군사관학교를 졸업하였다. 거기다가 참 군인의 표상인 해병대 장교로서 무한한 자부심도 가지고 임관하였다. 하지만 막상 망치부대의 소대장으로 명을 받고 임지로 향했을 때는 무엇인가 내 주위를 엄습하는 두려움에 무척 당황했었다고 술회했다. 곧이어 펼쳐지는 고강도 훈련과 생사를 넘나드는 임무수행 기간 동안에는 모든 것을 포기한 채 국가가 부르는 대로 이 한 몸 나라를 위해 굳건히 받치겠다는 굳은 각오만이 있었을 뿐이다. 그렇게 해야만 하루하루를 지탱하는데 도움이 될 것 같아 그렇게 살았다고 속마음에 숨겨 논 솔직한 고백을 털어놓았다. 그렇게 이야기하면서 주위를 한번 둘러보는 그의 눈가에는 절대절명의 무한대 앞에 인간의 나약한 모습을 들킨 것 같은 속죄함이 엿보였다.

"정말 그때는 살아서 돌아올 수 있다는 기대와 희망은 아예 접어 버렸습니다. 언젠가는 북파명령이 떨어질 것이라고 믿고 있었습니다.

그때가 되면 요원들과 함께 적진에 잠입하여 성실히 임무를 완수하겠다는 다짐 뿐 이었습니다. 그 후 대한 해병 장교답게 부끄럽지 않은 최후를 맞게 되기를 기원하며 날마다 각오를 새롭게 다졌습니다. 고 이인호 소령 같이 역사에 길이 남는 해병 장교로서 장렬한 죽음을 맞이하는 것이 마음

편하다고 생각했습니다. 이야기가 조금 길어집니다만 어디서 명령이 떨어지는 지도 모르고 떨어진 명령을 거부할 수 있는 힘이 우리에게 있었습니까."

맞다. 그 당시 우리 모두는 그랬다. 그런 일을 하기 위해 그는 매우 강하게 우리를 조련시켰는가 보다. 그는 핏대를 세우며 이 말을 덧붙였다.

"온갖 혹독하다는 다양한 훈련을 견뎌내고 목적지에 파견된 야수들은 언제 터질지 모르는 시한폭탄이나 다름없었다. 기강이 조금이라도 헤이해지거나 규율이 무너지면 곧바로 대형사고로 이어질 요소를 개개인이 소지하고 있었기 때문에 한시라도 관리감독을 소홀히 할 수 없었다고. 정말 피가 마르는 긴장의 시간이었다고."

그가 표현하듯이 그 당시 우리는 눈빛만 살아있는 야수 같았다. 모두들 우리를 보고 눈을 마주치지 못했다. 눈빛에 살기가 너무 뻗쳐서.

그에게는 당번병이 있었다. 그 당번병은 치열한 망치작전 임무를 수행하기에는 체력 면에서 조금 부실했다. 소대장은 그를 잠시도 가만히 놔두는 법이 없었다. 매사에 매우 엄하게 다스렸다. 아니 다스렸다고 하기보다 다뤘다고 표현하는 것이 적절한 표현이겠다. 우리요원들 보기에도 안쓰러울 정도로 심하게 다그쳤다. 그 당번병은 우리와 함께 제24차 특수

전설의 해병대 망치

수색교육을 받는 동안에도 부실한 체력 때문에 퇴교 일보 직전에 놓일 만큼 빈사지경에 이른 적이 있다. 같은 팀의 교육생들이 그의 퇴교를 막기 위하여 힘을 합쳐 그를 도우며 무사히 함께 특수 수색교육을 수료하게 하였다. 오랜만에 만난 자리에서 어색한 질문에 분위기를 망칠까 조심스레 질문을 들이 밀었다.

"소대장님, 그때 그 당번병 기억 하십니까. 어리벙벙하게 굴었지만 소대장님을 깍듯이 모신 그 당번병 말입니다."

소대장은 한참을 침묵하면서 기억을 더듬고 있었다. 하기야 30년 전의 일이니까.

"아, 그 친구. 지금 그 친구 소식 압니까. 한번 보고 싶네요."

앞으로 이어질 질문을 의식하여 불쾌하게 생각할까봐 분위기를 누그러뜨리며 질문을 던졌지만 뜻밖에 수확을 건졌다. **이 틈을 놓칠세라 직방으로 질문을 날렸다.**

"소대장님, 그 당시 그 친구에게 너무하신 것 아닙니까. 우리가 보기에도 너무 심하다 싶을 정도로 구박을 하시더군요. **그 당시 소대장님과 한판 붙으려고 했습니다.**"

서 소대장은 이 대목에 이르자 단호하게 말을 잘라 버렸다.

"나는 해병 북파공작대로서 언제 떨어질 줄 모르는 상부의 명령을 받아 제일 선두에서 요원들을 지휘 통솔해야 하는 지휘관입니다. 이와 아울러 요원들 모두의 생명과 목숨을 지켜야 하는 막중한 임무도 동시에 수행해야 합니다. 임무특성상 8·12 망치가 적진에 투입되는 날이 우리 모두의 제삿날이라는 것도 너무나 잘 압니다. 여러분을 대할 때마다 이 친구는 살아서 돌아 올 수 있을까, 얼굴 곳곳은 물론 신체 각 부분까지 눈여겨보는 습관이 생겼습니다. 무엇보다 임무를 완벽하게 완수하고 난 후 단 한 명의 요원이라도 생존해서 따뜻한 가족의 품으로 돌아가게 하는 것이 나에게 주어진 소명이요, 책무라고 굳게 믿으며 긴장을 늦추지 않았습니다.

하지만 내 당번병을 볼 때는 우리가 북파 되는 날 가장 먼저 목숨을 잃게 될 것이라는 염려를 떨칠 수가 없었습니다. 나는 그가 다른 요원들과 함께 무사히 귀환할 수 있게 강하게 담금질을 해야만 해야 했고 어떤 상황에서도 살아남을 수 있는 악바리 근성을 키우게 하기 위하여 가혹하게 다룰 수밖에 없었습니다. 해병은 만들어 진다고 하지 않습니까. 내가 인정머리도 없는 가혹한 사람이라고 보셨습니까."

소대장의 긴 항변을 들으니 어느 정도 수긍은 가지만 그때는 너무한다는 기억을 떨칠 수가 없었다. 이제는 지나간 옛 추억 속으로 사라졌지만. 소대장은 이야기 속에 아쉬운 구석이 있었던지 말을 이어 갔다.

"돌이켜 생각해 보면 요원들이 임무수행을 마치고 무사히 귀환한 지금은 요원들 모두에게 미안한 생각이 듭니다. 그러나 마음 한편으로는 내가 그런 악역을 맡음으로 해서 요원들 스스로 자생력을 키워 반복되는 위기상황을 잘 이겨냈다고 생각합니다. 지금 이 시간까지 이 생각에는 변함이 없습니다. 그리고 내 마음은 내키지 않았지만 그렇게 악독하게 내 자신을 지켰기 때문에 별다른 안전사고도 없이 모두가 무사히 임무를 수행하고 귀대할 수 있었다고 자위하기도 합니다. 그래서 오늘 이렇게 만나서 대포 잔이나 기울이는 것이 아니겠습니까. 지금도 그때를 생각합니다. 만약 다시 그 일이 주어진다면, 아니 그때 그 시절로 되돌아간다면 어쩌면 그때보다도 더 혹독하게 요원들을 다그치고 더 무서운 인간 병기로 키웠을 겁니다."

그 시절 그의 행동은 특수임무를 수행해야 하는 북파공작대 지휘관으로서 또한 귀신 잡는 해병의 장교로서 너무나 당연한 처사이었으며 부하 요원들의 생명을 지켜내야 하는 소대장으로서 부하에 대한 애틋한 사랑 놀음이 아니겠는가. 부하에게 베푸는 사랑의 매는 남녀관계의 운우지정(雲雨之情)과 운우지락(雲雨之樂)보다 더 달콤한 사제지간의 사제지정에 버금

가는 것이 아닐까 마음을 달리 먹었다.

정말 오랜만에 남자들만의 풋풋한 우정을 새삼 느껴보는 귀중한 시간이라 눈시울이 붉어진다. 한번 해병은 영원한 해병이라는 우리의 슬로건이 예비역 노 장교의 자태에서도 풍겨 나오는 것 같아 또 한 번 해병대에서 근무한 것이 자랑스럽기만 하다. 하지만 그때는 정말 괴로웠다.

나와는 두 살 터울인 서 소대장.

전설의 해병대 망치

망치 동지들

여덟째 마당

1. 옛 수첩 속에 머물던 기억들

얼마 전 고향 집에 다니러 갔다가, 망치(8·12)요원시절 상념의 편린들을 기록해놓은 수첩 하나를 발견했다. 수첩에는 긴장과 고단함을 극복하기 위해 심취했던 불교 사상과, 미래의 체육교사를 꿈꾸는 20대 초반 병사의 심중을 적어놓은 글들이 빼곡하게 박혀 있었다. 이 글을 쓰기 위해 행여 건질만한 자료나 있을까 하고 여러 차례 살펴보았으나 임무나 작전 등의 내용은 하나도 들어있지 않았다.

그 시절 우리의 일거수일투족은 모두 보안이었다. 당시 국내 분위기도 전반적으로 그러했지만 특수 임무를 수행하고 있는 우리들에게는 보안이 생명이라고 귀에 딱지가 앉도록 교육 받았다. **내 사생활을 기록했던 낙서장 조차 그 보안이 유지되고 있었다.** 혹여 사사로운 우리의 일상이라도 기록했다가 지휘관이나 누군가의 눈에 띄게 된다면 신상에 불이익이라도 받을 것이 두려웠는지 동료들과의 대화조차 기록하지 않고 있었다.

우리는 그렇게 철저히 교육되어 있었다. 군대는 우리의 육체는 물론 정신까지 철저하게 조련하고 있었다. **나뿐만 아니라 법학도였고 컴퓨터라는 별명을 갖고 있을 정도로 꼼꼼하기로 유명했던 선임 유 모 요원조차 기록물이 없었다.** 단지 해병대에서 전래되던 어록과 유머 몇 개 적혀 있을 뿐. 수첩에는 미래가 불투명한 군 생활 중에서도 체육교사를 꿈꾸며 짬날 때마다 읽었던 서적들. 도덕과 교육, 교육철학, 교수이론, 생리학, 교육평가, 문화 인류학, 수학과 교육, 농촌 사회학, 주거학, 아동 환경, 교육평가. 이런 서적들 목록이 빼곡히 적혀 있었다. 그 책들 대부분을 전투복 윗주머니에 넣고 다니며 틈틈이 읽어왔던 문고판 서적들이다. 아직 덜 여문 그 시절의 내 철학들도 30년 가까운 세월이 흐른 후에 내게 다시 모습을 드러내고 있었다. 그 수첩에는 젊은 병사의 상념과 함께 백령도의 해조음이 담겨 있었고, 파도소리와 갯내음도 고스란히 배어 있었다.

2. 망치 맞습니까?

우리요원 이야기를 소설화하기 위해 틈틈이 기록하여 저장중인 내 블로그에 두 차례나 댓글을 통해 매우 점잖게 충언한 사람이 있다. 해병 ○사단 정보경연대회 우승자이면서 정보병 출신이라는데. 병이지만 김 모 하사와 입대 시기도 비슷하며, 83년 백령 망치 출신이라고 주장하는 사람. 백령팀이라면 ○○대대원이 분명하고 병이면 430기 이쪽저쪽인 것 같은데. 전우회의 망치들은 전혀 기억을 못하고 통틀어 25명인 망치 중에 그 사람이 누굴까?

당최 헷갈린다.

한해 상 하반기 총원이라야 50명. 장교, 하사관 빼고 재탕 삼탕 빼면 그림이 뻔히 드러나는 데, 더욱이 정보경연대회 사단 우승자라면 제법 유명인사일 터인데. 아무튼 그 사람의 주장에 의하면, 제대 후 대학 마치고 공직생활 하다가 대학교수 역임하고 지금은 법인을 운영한다고 하니 만일 우리요원이라면 성공한 사례로 축하할 일이다. 그 사람은 성공한 이의 입장만을 강변하는 것 같아서 착잡했다. 우리 속담에 잘되면 내 탓이요, 못되면 조상 탓이라는 말처럼, 마치 우리 전우들 인생이 잘 풀리지 않아서 괜스레 망치 탓이나 하고 있는 것처럼 읽고 있는 듯 여겨져 다소 불쾌하기도 하다.

우리 전우들 중에는 현직 대학교수와 법무사를 비롯해서 사업으로 나름대로 성공한 이들도 적지 않은데 그들은 시간이 남아돌아서 전우들과 힘을 보태고 있는 것으로 오해하는 것인지. 아니면, 인생이 고단한 망치 몇이 모여서 망치를 대표하는 것처럼 행세하며 전임 지휘관들과 해병대 수뇌부에 압력을 가해 구걸이나 하려는 것으로 판단하고 있는지. 그 속내가 너무 궁금하다. 우리요원라면 굳이 거론하지 않더라도 전 요원이 해병대원들 중에 나름대로 엘리트 집단이었음은 기억한다. 체력이든 학력이든, 심지어는 철저한 신원조회를 통해 집안 내력이나 국가관도 검증이 된 자들임은 우리요원이 아니더라도 같은 시기에 해병대에 몸을 담았던 전우라면 누구나 알고 있을 것 아닌가. 충언을 하고 싶다면 자신을 떳떳이 밝히고 투명하게 나서길 바란다. 우리 전우회와 의견이 다르다 해서 나무랄 사람 하나도 없다.

분명히 말한다.

우리망치 전우회가 요구하는 것은, 우리의 실체 확인이고 명예회복이다. 있었던 사실 그대로 보태지도 빼지도 말고 진실만 밝히라는 것이다. 이것이 무리한 요구인가?

말을 줄이겠다. 시간이 가능하면 10월 24일 16시까지 보라매회관으로 오시라. 우리망치 전우회 전국모임에 초대한다. 혹시 우리 전우 중에 이 사람을 알고 있으면 꼭 함께 참석하길 바란다.

전설의 해병대 망치

3. 전우애

우리망치(8·12)요원은 소대장과 하사관, 사병을 포함하여 1지역에 25명이 비 편제 독립부대로 주둔했다. 임무 수행 시에는 3개 팀이 출동하므로 팀당 7~8명이 한 보트에 오르게 된다. 승선 인원은 소대장을 포함해서 총원 22~23명 나머지 예비 병력 2~3명은 초병과 주계병을 겸한 당번병이나 통신병으로 부대에 남는다.

우리요원은 섬 속의 섬이 되어 외부와 철저히 차단된 채 우리요원들만의 한정된 공간에서 대부분의 일과를 보내야 했고, 싫던 좋던 그 인원과 임무기간 내내 얼굴을 맞대고 살 수밖에 없었다. 계급과 기수가 철저히 지켜지는 조직, 출신 지역이나 성장 환경도 다르고 문화와 언어도 다르지만 같은 임무를 수행해야 하는 전우로 하나 되어 살아야 했다. 문제는 하나로 꿰어 맞추며 살아야만 했다.

사람마다 지문이 다르듯 지향점도 다르고 이상도 다를 터, 여럿이 하나로 지내다 보면 어찌 갈등이 없고 불화가 없었겠는가. 그러나 이런 요소들도 엄격한 위계질서 앞에서는 표면으로 드러나지 않고 수면 아래로 가라앉기 마련이다. 유독 괴롭히던 선임에 대한 불만도 꾹꾹 눌러 참으며 제대하면 보자고 이를 갈곤 했지만 제대 후 만난 그 선임 반갑기만 했다.

군 조직이란 세월이 쫄병을 고참으로 키우고, 대부분의 경우 선임이 된 쫄병은 선임의 전철을 밟으며 어느새 그 선임을 닮게 된다. 그리고 그 선임의 입장을 헤아리게 되어 품었던 독기가 사라지고 제대 후에 만나면 오히려 피붙이 같은 정을 느끼게 되는 경우도 생긴다. 어쩌면, 군 시절 참으며 견뎌온 그 시간들이 인생의 고비마다 슬기롭게 대처할 수 있는 인내와 지혜를 키워주었는지도 모른다. 미움으로 들끓던 감정도, 고된 과업 후 피로에 지쳐 곤히 잠들어 있는 상대의 모습을 보면 애처롭고 측은한 감정이 일기도 했다. 동료의 숨소리, 땀 냄새도 친근해지고, 코고는 소리조차 정겨워질 때 전우애도 깊어지는 것이리라. 늘 위험에 노출되어 있어서, 내일을 보장받을 수 없는 우리 특수임무 요원들. 어쩌면 요원들 모두에게 공통으로 맞닥뜨리는 그 위험을 함께 인지하여 서로의 안위를 염려함으로써 전우애가 더 돈독해지지 않았나 하는 생각도 해본다. 긴 세월이 흐른 후에 만난 전우들과의 술자리가 길어지게 되더라도 전혀 지겹지 않은 까닭도 그렇게 깊어진 전우애 때문이 아닌가 싶다.

전설의 해병대 망치

4. 동지들

오랜 세월 늘 궁금했던 전우들

재작년 12월에 466기 김 모 요원을 중심으로 인터넷카페를 개설하자 하나 둘 모습을 드러내기 시작했다. 구리빛으로 그을려 팽팽하던 얼굴에는 어느덧 세월의 나이테가 골을 이루고 있었고, 먹빛 머리카락은 은백색으로 바라기 시작했다. 세상의 부하를 감당해오느라 다소 지친 모습들이었지만 망치(8·12)요원으로서의 기백과 정열은 여전했다. 그러나 사라진 얼굴들이 의외로 많았다. 아직은 때가 아닐 터인데, 너무나 아쉽다. 망치 임무수행 때문에 피폐해진 몸과 마음으로 세상과 맞닥뜨리다 좌절하여, 술에 의존하며 옹색한 비주류의 삶을 이어가다가 서둘러 이승과 연을 접은 요원들이 의외로 많았다. 그 이외에도 대다수 요원들이 크고 작은 후유증에 시달리고 있는 것도 알 수가 있었다.

2009년 5월 2일

60여 망치요원들이 대전에서 자리를 함께 했다. 국립 현충원에 들러 순국선열과 전몰장병들을 참배하고 망치부대전우회를 창립하기에 이르렀다. 이후, 망치전우들은 서울과 수도권을 비롯하여 부산, 울산지역, 군산 및 호남지역전우회 단합대회를 시작으로 각 지역별 소모임도 활발히 진행하고 있다. 그 해 7월에는 격전지 군산에서 개최된 전적예술제에 합동으로 참여했으며 해병대 사령부에 망치부대전우회 명의로 망치요원에 대한 질의서를 보냈다. 그리고 과거 해병대 지휘관들과 주요 관계자들을 찾아 우리요원들의 정체성을 회복하는데 주력하고 있다. 우리요원들은 조국과 군의 명령에 따라 사력을 다하여 충실히 임무를 수행했다고 떳떳하게 주장할 수 있다. 해병 북파 특수공작대원으로서 혼신을 다해 주어진 소명을 완수했다. 이 사실은 역사와 민족 앞에 한 치의 부끄러움도 없이 당당하게 내세울 수 있다. 내 자식을 비롯해서 후대에게도 마찬가지다. 주요 관계자들의 무관심과 사실 은폐, 축소, 조작 등의 음모 속에 잠들어 있던 기록들을 들추어내는 일이 아득하기만 했다. 그러나 우리요원들은 서두르지 않고 하나하나 찾아내고 있고 이미 많은 자료와 증언을 확보하고 있다.

자신의 보신과 영달만을 위해 우리의 역사를 지워버리고 싶어 하는 세력들.

푸르던 우리의 젊음을 혹독하게 조련하여 인간병기로 만든 후에, 사지로 내몰아 혼신을 병들게 하고서도 책임회피에 급급한 후안무치한 세력들.

우리는 스스로를 바른 자리에 세움으로서 그들의 용렬함을 꾸짖어 부끄럽게 하고, 국가와 민족을 위해 바른 자리에 섰던 정의로운 자들은 반드시 국가가 거두고 돌봐야 한다는 전통을 세울 것이다.

5. 3대 독자

해병 434기 박 요원은 3대 독자 외아들이다. 박 요원의 아버지는 17세의 나이에 개성에서 단신 월남하자마자 6·25 전쟁을 맞아 곧바로 육군에 자원입대했다. 하사관으로 입대한 박 요원의 아버지는 6·25 참전과 베트남 참전을 했던 국가유공자다. 그러므로 박 요원은 엄연한 군 면제 해당자였다.

박 요원은 선린 상고 2학년 때 코오롱에 취업해서 비교적 일찍 직장생활을 시작했다. 약 3년 가까이 직장생활을 해오던 박 요원은 친한 친구들이 하나 둘 입영을 시작해서 결국은 박 요원 홀로 남겨지게 되자 박 요원도 군 입대를 결심하게 된다. 대한민국 사내라면 마땅히 군에 다녀와야 사내 노릇을 할 수 있으리라는 믿음 때문이었다.

박 요원의 고향은 강원도 홍천이다. 박 요원의 아버지가 홍천 육군 ○○ 사단에 배속되어 근무할 당시 10세 연하인 동네 처녀였던 박 요원의 어머니를 만나 결혼을 하고 호적을 만들어 정착하면서 박 요원도 그곳에서 출생했다.

강원도 홍천의 관할 병무청은 춘천에 있었음으로 박 요원은 춘천 병무청을 찾아갔다. 박 요원의 서류를 건네받아 훑어보고 난 병역 담당자가 서류를 박 요원에게 되돌려주며 말했다.

"야, 넌 군 면제 대상자야. 그냥 돌아가라."

성격이 꼼꼼하고 집요하기로는 둘째가라면 서러워할 박 요원이 그냥 돌아설 리 만무했다.

"그래도 군에 가고 싶습니다. 보내주십시오."

"네가 서류를 올려도 신원조회에 걸려 위에서 돌려보낼 것이 뻔한데, 무엇 하러 그런 짓을 해. 그냥 돌아가라고."

병무 담당자는 역정을 내면서 말했다. 그렇다고 물러날 박 요원이 아니었다.

"저는 군대에 꼭 다녀와야 됩니다. 제발 좀 보내주십시오."

끈질긴 박 요원의 요청에 병무 담당자는 의아해했다. 어떤 이들은 없는 병도 만들어내고 인맥과 뇌물을 총동원하면서까지 군에 가지 않으려고 버둥거리기도 하는 데 군에 꼭 가야한다고 생떼를 쓰는 징집면제 대상자가 의아하기까지 했던 모양이었다. 순순히 물러날 기미를 보이지 않는 박 요원을 올려다보며 잠시 머뭇거리던 병무 담당자가 조심스레 말했다.

"가만있자, 신원조회를 그냥 통과할 데가 한 군데 있긴 한데, 거기는 빡세고 힘들 터인데·········."

병무 담당자는 말을 꺼내어놓고 나서 말꼬리를 흐렸다.

"거기가 어딥니까."

박 요원은 희망이 보이는 듯하자 반색하며 물었다.

"해병대야. 거긴 웬만해서는 버티기 힘들어."

병무 담당자는 공연히 사서 고생하려하지 말고 어지간하면 이쯤에서 포기하라는 투로 말하는 것 같았다.

"할 수 있습니다. 해병대에 보내주십시오."

해병대에 가겠다고 대답을 하고난 박 요원은 서둘러 밖으로 나갔다. 병무 담당자가 마음이 변해서 또 거절을 하기 전에 아예 쐐기를 박아버릴 심산이었다. 박 요원은 봉투를 마련해서 거금 2만 원을 챙겨 넣었다. 다시 병무 담당자 앞에 온 박 요원은 은밀하게 봉투를 들이 밀었다.

"꼭, 해병대에 보내주십시오."

병무 담당자는 별 해괴한 놈 다 보겠다는 듯이 껄껄 웃으며 즉시 박 요원의 입영 서류를 작성했다. 해병대 창설 이래 촌지까지 들이밀어 해병대에 입대한 징집면제 대상자로서의 해병 전우는 박 요원이 처음이 아닌가 싶기도 하다. 집으로 돌아온 박 요원은 아버지 앞에 입영서류를 꺼내어 놓으며 진지하게 말문을 열었다.

"아버지 저 군에 가기로 했습니다."
"너는 군에 안 가도 되는 데 왜 굳이 가려고 하는데?"

서류를 살펴보던 아버지의 안색이 갑자기 어두워지더니 그 자리에서 서류를 박박 찢어버렸다.

"군대 갈 생각 마라."

박 요원의 아버지는 오랜 군 생활을 통해서 해병대를 잘 알고 있었다. 더구나 정보가 주특기였던 박 요원의 아버지는 베트남전에 파병되어서도 해병 청룡부대를 세밀히 파악하고 있었을 터였다. 해병대의 전통과 규율, 엄격한 해병대만의 위계질서를 잘 알고 있는 그런 아버지가 귀하디귀한 3대 독자 외아들을 해병대에 보내서 개고생 시키고 싶었을 리가 만무했다.

박 요원은 화들짝 놀랐다. 국가기관에서 발급한 서류를 임의로 파기해버렸으니 혹여 형사처벌이라도 받게 될까봐 전전긍긍하기까지 했다. 박 요원은 다음날 서둘러 춘천지방 병무청으로 다시 찾아갔다.

"서류 다시 좀 만들어 주십시오. 아버지가 찢어버리셨어요."

박 요원의 말을 전해들은 병무 담당자는 미소를 지으며 말했다.

"거 봐라, 해병대는 아무나 가는 게 아니라니까."
"아닙니다. 저는 꼭 가야합니다."

박 요원의 요구를 들은 병무 담당자는 즉시 서류를 다시 만들기 시작했

전설의 해병대 망치

다. 군에 가지 말라고 설득해도 통하지 않을 것이라고 이미 체념한 듯했다. 박 요원은 다시 받은 입영통지서를 입대 전날까지 아무에게도 보여주지 않고 꼭꼭 숨겨두었다. 아버지에게 발각되면 다시 찢어 버릴까봐 두려워서였다. 입대 전날 비로소 박 요원이 아버지에게 말했다.

"아버지 저 내일 해병대에 입대합니다."

박 요원의 말을 듣고 아버지는 한동안 말이 없었다. 박 요원의 고집을 아버지도 모를 리가 없었다. 박 요원은 아버지의 암묵적 동의라고 혼자 해석했다. 1981년 7월 25일 박 요원은 진해 훈련소에 첫발을 디디며 대한민국의 늠름한 해병이 되었다.

그해 11월 전후반기 훈련을 마치고 실무에 투입된 박 요원은 해병 ○사단 ○○대대 ○중대 수색소대인 ○소대에 배치되었다. ○소대는 소대병력이 고작 15명에 불과했고 그나마 대부분의 소대원들은 300대 기수인 고참들이었다. 3소대는 특수수색교육을 수료한 대원들로 구성되어 있기 때문이었다. 박 요원의 바로 위에 고참으로 414기가 한 명 있었고, 그 위로 408기 한 모 요원이었다.

박 요원이 처음으로 배정 받은 일은 고참들 양말 빨래 당번이었다. 한 요원과 414기 대원은 배식담당이었다. 하루에 세 켤레씩 벗어놓는 고참들의 양말을 빨아대는 일은 여간 곤혹스러운 것이 아니었다. 저녁 9시 순검을 마치고 10시 소등 이후에 세면장을 찾아가서 찬물로 빨아야만 했다. 그것도 다른 소대 선임병들과의 자리다툼에 밀려난 쫄따구 박 요원은 궁여지책으로 포항병원부근 방죽에 홀로 가서 엄동설한의 칼바람을 맞으며 두꺼운 얼음을 돌로 깨 양말을 빨기 시작했다.

세탁한 양말은 소대 내무반 내에 피워놓은 두 개의 난로주변에 널어놓고 의자에 앉아 졸면서 밤새도록 말렸다. 당시의 해병대용 검정 양말은 요즘처럼 면 소재가 아닌 나일론실로 짠 화학소재 양말이었다. 가볍고 질긴 장점도 있으나 불기만 닿으면 여지없이 눌어붙거나 태워먹기 일쑤였다.

그렇게 소실된 양말은 긴빠이(서리)로 보충해서 채워 넣어야만 했다. 낮 시간에 다른 내무반 빨래당번이 양말 빨래를 마친 후 건조대에 널어놓고 감시하느라 의자에 앉아 있다가 잠깐 조는 동안 박 요원은 도둑고양이처럼 그 순간을 노리며 숨어서 지켜보다가 잽싸게 들고튀는 것이다. 포획물을 들고 절대로 내무반으로 직행하지 않는 것이 긴빠이 수칙이다. 혹여 목격자에게 노출되거나 졸던 빨래 담당병에게 발각되더라도 엉뚱한 방향으로 튀게 되면 그 부근 내무반 소속이라 짐작하게 된다. 은밀한 장소에 숨어서 노획물을 품속에 완벽하게 은닉한 뒤에 다른 곳을 돌아 내무반으로 와야 한다.

전설의 해병대 망치

그해 12월 실무경력이 고작 1개월에 불과한 해병 이병 박 요원은 다음해 1월 4일부터 실시되는 제1차 망치교육(보수교육)에 차출되어 머리까지 삭발하고 대기하고 있다가 대대장이 "쟤는 너무 쫄따구니 빼라."는 지적을 받고 퇴짜 맞은 후, 이듬해인 82년 4월 제24차 특수수색교육을 수료하고 나서 2차 망치로 망치(8·12)요원이 되어 임지인 연평도로 향했다.

망치요원의 전신이었던 M I U 때에는 장남과 외아들은 제외시켰는데 망치요원은 3대 독자마저 강제 차출했다. MIU가 활동하던 3공 시절인 60~70년대보다 5공 초기인 망치요원의 80년대가 인권이 더 후퇴한 것인지, 아니면 망치의 선발기준이 마구잡이였는지 아직도 이해가 되질 않는다.

84년 2월에 전역한 박 요원은 다니던 **직장에 복직했다.**

84년 5월 15일, 그날은 전역 후에 코오롱에 복직하여 첫 월급을 타는 날이며 박 요원의 생일이기도 했다. 연평 망치로, 같은 중대 소속으로 친구처럼 가깝게 지냈던 고 우길준(가명) 하사와 후임병이던 고 홍영식(가명) 요원이 함께 휴가를 나와서 박 요원을 찾아왔다. 박 요원은 그들과 점심식사를 함께 하고나서 퇴근 후에 소주나 한잔 하자며 다시 오라고 당부하고 회사로 돌아갔다.

기대하던 첫 봉급명세서를 살펴보던 박 요원은 무언가 이상한 점을 발견했다. 선린상고 시절 함께 취업한 입사동기보다 봉급이 10만 원이나 적었다. 함께 입사한 동기들 16명 중에 박 요원과 동기 하나만 현역입대하고, 나머지 14명은 군 면제 내지 단기사병(방위병)으로 복무했다. 총무과장실을 찾아간 박 요원은 총무과장에게 무엇 때문에 자신이 동기들보다 봉급이 10만 원이나 적은 것이냐고 따졌다. 총무과장은 불쾌한 표정을 드러내고 욕설을 섞어가며 박 요원에게 응수했다. 총무과장의 주장은, 단기복무를 마치고 입사해서 근무연한이 긴 직원에게 봉급을 더 주는 것이 무엇이 문제냐는 것이다.

박 요원은 조목조목 따지고 들었다. **근무능력이나 기타 사유가 아니라 현역으로 군복무를 마쳤다는 이유로 불이익을 준다는 것은 부당하다. 그런 식으로 차별대우를 한다면 대한민국의 어느 남자가 현역복무를 희망하겠느냐.** 나는 입대 전이나 전역 후 재입사해서도 누구 못지않게 애사심을 갖고 성실하게 근무했으며 군복무시절에도 내무반에서 TV를 통해 명동거리가 나오면 저기에 우리회사 사옥이 있다고 자랑하는 등, 코오롱이 나의 평생직장이라고 생각해서 남다르게 코오롱 맨으로서의 자부심도 갖고 있었는데 이건 너무 부당한 처사가 아니냐.

박 요원의 항의에도 총무과장은 막무가내였다. 오히려 핏대를 세우며 더

전설의 해병대 망치

욱 심한 욕설을 해댔다. 말단직원 주제에 감히 총무과장에게 따지고 드는 게 오히려 건방지고 괘씸한 모양이었다. 참다못한 박 요원도 욕설로 대응했다. 그리고는 네가 다 처먹으라고 소리를 지르며 총무과장의 면상을 향해 월급봉투를 패대기쳐버렸다. 그 길로 정들었던 생애 첫 직장과 결별했다.

그날 저녁, 고 우길준 요원과 고 홍영식 요원은 다시 돌아오지 않았다. 그로부터 두 달가량 지나서 박 요원은 후임병으로부터 그들의 비극적인 자살소식을 들었다. 청천벽력이었다. 전우들의 비보는 오랫동안 박 요원의 가슴 한 켠을 짓눌렀다고 한다.

박 요원은 직장을 옮기고 명지대학교 야간학부를 마쳤다. 3대독자인 박 요원은 슬하에 두 아들을 두었다. 두 아들도 아버지의 대를 이어 해병이 되려고 한단다.

6. 자부심

병 435기 김 모 요원은 입지전적인 인물이다. 김 요원은 중학교 졸업과정과 고등학교 졸업과정을 모두 검정고시로 마쳤으며 유명 사립대학 법학부에 합격한 후 해병대에 입대했다. 똘똘하고 빠릿빠릿했던 김 요원은 특수 수색교육 무렵부터 지휘관의 눈에 '될성부른 떡잎'으로 평가되어 정보, 암호, 통신 등을 따로 익히게 된 경우다. 그 후 망치(8·12)요원으로 임무수행을 염두에 두고 무성무기 저격병인 석궁수로 4개월 가까이 특별 훈련을 마친 뒤 임지에 배치되었다. 석궁만을 집중 훈련한 결과 눈을 감고서도 40m 전방 표적의 눈을 꿰뚫을 정도의 기량을 연마할 수 있었다고 한다.

2차 백령망치로 임무수행을 할 무렵에도 작전 중 시행착오나 개선할 사항들을 예리하게 분석해서 소대장이나 선임들에게 건의하고 대안을 제시하는 등 여느 요원들보다 한 발 빠른 영민함을 보였다고 한다.

○여단 장교 중에 유일하게 우리망치와 교류하는 소령이 있었다. 직책은 정확히 기억할 수 없지만 ○여단 작전 라인에 있던 인물로 상부의 지시를 우리망치에게 전달했던 핵심인물인 것으로 추정되었다. 그 장교는 스스로를 5공 정부 내에서 가장 실세 군 장교라고 자랑하고 다녔고, 자기는 무슨 일이든지 즉각 처리할 수 있는 능력이 있음을 자주 과시해오곤 했다.

백령도는 조류가 세고 바다가 거칠다. 백령도를 오가는 뱃길이 모두 끊기고 세상을 통째로 삼켜버리려는 듯 널름대는 마귀의 혓바닥처럼 파도가 솟구쳐 올라도 우리망치는 그 사나운 밤바다로 뛰어들었다. 7~8인승의 고무보트는 험한 파도와 마주 서면 너무도 옹색하고 초라해진다. 그럼에도 우리요원들은 그 파도를 뚫고 타 넘으며 까만 밤바다를 향해 진군했었다. 야간과업에 투입되는 우리요원들이 최첨단 장비를 보유하고 있다하더라도 거센 조류와 험한 파도와 시계확보가 불가능한 악천후에는 그 장비들도 무용지물이 된다. 그런 경우가 많아서 요원들의 본능과 동물적 감각에만 의존하여 임무를 수행해야 했다. 그만큼 위험에 노출될 수밖에 없었다.

김 모 요원이 그 소령에게 우리의 표적인 적진 원래도 파괴공작 후, 조류나 거친 파도로 인해서 컴퍼스가 무용지물이 될 경우를 대비하여 목표물 직선거리에 조명시설이 된 기둥 두 개만 설치해 달라고 요구했다. 쉽게 말하면 말뚝처럼 쇠파이프 두 개만 박아주고 거기에 전구 두 개 달아달라는 요구였다. 망치작전 출동 후에 그 폴에 조명을 켜 놓으면 적진 파괴공작과 요인 암살, 납치 등의 임무를 완수하고 난 후에 악천후라도 그 조명을 등대삼아 망치가 무사귀한 할 수 있을 것이라는 기대 때문이었다. 매우 좋은 생각이라며 흔쾌히 접수하겠다던 그 장교의 약속은 가타부타 답을 미룬 채 우리요원들이 해체될 때까지 지켜지지 않았다. 그때는, 어쩌면 우리요원들의 운명을 좌지우지할 수도 있을 쇠기둥 두 개를 설치하는 일조차 보안 때문이었는지는 '꿩 구워 먹은 소식' 이던 시절이었다.

82년 11월 17일
망치작전 임무를 마치고 귀대할 때 포항역 객차 안까지 마중 나와 수고했다며 너스레를 떨던 사단장의 미소 띤 얼굴이 몹시 거슬렸고, 열차에서 내리자 귀환하는 요원들을 환영하기 위해 동원된 사단 군악대의 연주도 어색했다. 기수별로 대원들 몇이 기다리며 서 있다가 손을 흔들면서 하던,

"동기야 수고했다."

는 인사도 낯설기만 했다. 우리요원들은 스스로의 목숨을 지켜내기 위한

조치로 쇠파이프 두 개조차 자의적으로 설치할 수 없었다는 무력감에 빠져있었기 때문이었다. 휴가차 집에 도착하자 김 요원의 여동생이 새카맣게 그을고 후줄근한 모습으로 돌아온 오빠가 사뭇 어색해서.

"엄마 ~ 우리 집에 인민군 왔어."

이랬단다.

군대 가기 전에 집에서 키우던 세퍼드만 옛 주인의 무사귀환을 환영하듯 펄쩍펄쩍 뛰어오르며 온 몸으로 반가움을 표시하더라고. 그날 저녁 김 요원의 어머니는 새까맣게 타고 소금기에 절은 김 요원의 팔뚝을 때 수건으로 박박 문지르며 소리 낮춰 우셨다고 한다. 망치요원들 모두는 집에 돌아가면 그렇듯 귀한 자식이고, 소중한 가족 구성원이었는데.

얼마 전 그 어머니는 하늘나라로 가셨다.

조문하는 동안 우리를 알아 보셨는지 빙그레 웃고 계셨다. 늙고 병든 인민군 왔냐고 반겨주시는 것 같았다.

글의 주인공과 저자 그리고 법대 졸업 자, 생식주에 뱀을 잘 잡은 요원, 칠포사고의 조하사 등.

전설의 해병대 망치

7. 백령망치들

나와 제24차 특수 수색교육과 백령망치가 되어 위험한 시간을 함께 보내고 난 후 지금도 전우회 사무실 등지에서 자주 어울리며 가끔씩 술자리도 하는 망치(8·12)요원들이 많다.

현역 시절. 넘을 수 없는 산이었으며 눈엣가시 같기도 했고, '아니꼽고 치사한' 내 바로 위 기수 선임들. 438기 홍 모 요원과 439기 윤 모 요원이 그들이다.

한 달에 두 기수를 배출하는 해병대.

홍 모 요원

홍 요원과는 한 달, 윤 요원과 나의 입대 차이는 보름에 불과하지만 그 시간의 간격이란 그들이 전역할 때까지 철저히 그들을 존중해야 하는 한 달이며 보름이었다. 즉, 내가 전역하기 한 달이나 보름 전까지 그들의 명령이나 지시를 거부할 수 없는 영원한 쫄따구의 세월이었다. 지금은 피차 '같이 늙어가는' 지천명에 들어선 처지라 서로 언행도 조심하고 존중하며 지내는 처지라고는 하지만, 그래도 불변의 질서인 해병대 짬밥에 눌려 아직도 기를 제대로 펴지 못하고 산다. 그 선임들과의 추억을 잠시 돌이킨다.

홍 모 선임은 경기도 동두천 태생이다. 그는 진해훈련소에 입소해서야 바다구경을 처음 했었다고 한다. 동기들이 저것이 바다라고 해서 바다라는 것을 알았다고 했다. 진해훈련소 앞 바다는 갇혀 있었다. 풍랑도 없어 늘 잔잔했다. 홍 요원은 바다란 그가 살던 동네 부근에 있던 한탄강보다 물이 조금 많이 모여 있는 곳이라는 정도로 대수롭지 않게 여겼다고 했다. 포항 ○사단으로 배속되어 처음으로 바다를 실감했다고 한다.

제24차 특수 수색교육 시
산처럼 일어서서 달려드는 파도를 마주하고 섰을 때는 심장이 다 오그라드는 느낌이었다고 했다. 교관의 입수명령에도 도무지 들어설 엄두가 안 나더라는 거였다. 동기 교육생들은 뛰어드는 데 죽어도 못 들어가겠더란다. 대한민국 해병대 특수 수색교육 교관들이 오냐오냐하며 교육생을 설득하겠는가. 욕설과 함께 몽둥이와 페달이 온 몸에 감겨드니 얼결에 들어가게 되더라고 했다. 매에는 장사가 없다고 하질 않는가. 그는 그렇게 얼떨결에 바다의 짠맛을 첫 경험 했단다. 해병대는 정열이나 행군 시 항상 키가 큰 대원을 앞에 세운다. 홍 대원은 남들보다 유난히 키가 큰 탓에 다른 교육생에 비해 고생도 엄청 많이 했다. 키가 큰 교육생의 일거수일투족은 교관들의 눈에 확연히 잘 띌 수밖에 없어서 교관의 표적이 되기 십상이다. 그의 동작이 조금만 엉켜도 바로 교관들 눈에 포착되었다. 교관에게 매도 무지하게 더 맞았다. 고무보트를 머리에 이고 살다시피 해야 하는 해병대 특수 교육기간 내내 그는 맨 선두에서 보트를 끄느라 항상 기진맥진했다.

특별교육이라는 미명아래 20㎞ 가까운 거리를 군용 차량 뒤 견인 고리에 로프를 걸고 고무보트에 연결해서 달릴 때는 초죽음에 이르기까지 했다. 나는 보트 후미에서도 그의 신음에 가까운 숨소리를 들었다. 그러면서 부디 중간쯤에서 그가 주저앉거나 쓰러져주기를 간절히 바랬다. 그래야 뒤를 따르는 교육생들 잠시라도 숨을 돌릴 수 있음으로. 그러나 그는 야속하게도 끝끝내 버티어 냈다. 동료 교육생들 중에 체력이 비교적 좋은 편이었던 나도 그 훈련동안 몇 차례나 마주 오는 차에 뛰어들고 싶은 충동을 느꼈고 그 고난의 행군을 마치자마자 연병장에 큰 대자로 널브러져버렸는데, 키가 큰 그는 행렬 선두 보트 앞에서 뛰면서 얼마나 고통스러웠겠는가. 차량 하단에서 연결된 고리가 잡아끌어 몸조차 펴지 못하고 잔뜩 앞으로 웅크린 채 군용 트럭의 배기가스를 들이켜 가며 결국은 완주해냈다.

1982년 8월, 그는 나와 2차 백령망치가 되어 임무를 수행했고, 이듬해 3월 3차로 재탕되어 두 차례나 함께 망치임무를 완수했다.

바다를 두려워하던 그는 망치요원이 된 후 4~5m가 넘는 높은 파도와 악천후를 무릅쓰고 바다를 가르고 다녔던 진정한 바다의 사나이가 되었고, 훌륭하게 주어진 임무를 완수한 진짜 요원으로 변신했었다.

8. 아저씨들은 고양이처럼 왜 눈에 빛이 나지?

윤 모 요원

윤 모 요원은 포항 ○사단 가까운 동네서 태어났다. 어려서부터 군부대 주변을 자주 지나치고는 했지만 군인들의 병영생활은 알 수가 없었다. 가끔 야지구보 등을 하는 해병대원들의 훈련 모습을 지켜본 적이 있었지만, 그것은 그저 단편적일 수밖에 없었다. 윤 요원에게는 해병대가 낯설 까닭이 전혀 없고 해병대만의 빼놓을 수 없는 매력이 그의 발길을 해병으로 이끌었다.

육군보다 3개월 적은 복무기간. 고향이며 집 근처라는 친숙함. 폼 나는 해병 복장 따위가 해병대만의 무시할 수 없는 매력이었다. 그가 진해훈련소를 거쳐 포항 ○사단으로 되돌아 올 때는 고향의 품에 안긴 것과 같은 안도감이 들더라고 했다. 그러나 막상 해병 쫄따구로 내무생활을 시작하게 되자 병영 밖에서의 궁금증이나 막연한 동경 같은 그의 환상은 일시에 산산조각이 나고 말았다.

해병대의 전통인 줄빳다가 시작되고 얼음장 같이 찬 물에 선임병들 세탁이며 온갖 허드렛일을 도맡게 되자 그야말로 '울려고 내가 왔나.' 하고 해병이 된 것을 후회하기 시작했다. 그러나 그 정도의 고통은 예고편에 불과했다. 제24차 수색교육생으로 차출되자 눈앞에 지옥이 펼쳐지는 느낌이었다. 교육이 지속될수록 하나 둘 지쳐 쓰러지고 나날이 퇴교하는 교육생들이 속출하기 시작했다.

해병대의 특수교육은 지옥을 방불케 했다. 교관들은 인간도 아니라는 느낌이 들 정도였다. **한편으로는 교관들이 도사처럼 신기하기까지 했다.** 교육생들에게 더 이상 손톱만큼의 기력도 남아있지 않고 완전히 탈진할 때가 되어서야 잠깐씩의 휴식만을 허락하곤 했으니 말이다.

교육생들이 약전 방파제를 향해 구보하고 있었다. 부모의 손을 잡고 바닷가로 산책을 나왔던 대여섯 살짜리 여자 아이가 우리 일행을 흘끔 보고나더니 자기 엄마에게 물었다.

"엄마, 저 아저씨들은 고양이처럼 왜 눈에 빛이 나지?"

그 무렵에는 윤 요원 스스로도 이미 인간의 한계를 넘어서 들짐승이 되어가고 있다고 느끼고 있을 지경이었다고 한다. 윤 요원도 이를 악물고 교육을 마치고 나와 2차 망치를 함께 했다.

백령망치 시절

유난히 해무가 많이 끼는 백령도에서 일기를 가리지 않고 밤바다를 향해 출동하던 우리망치들. 그는 우리요원들 중에서도 가장 위험하고 중요한 역할을 맡는 척후 스윔어가 되어 임무를 수행했다. 평소에 말수도 적었고, 맡은 바 임무 또한 철저히 하던 그였다. 다른 요원들과 마찬가지로 내무생활에도 적응을 잘하는 윤 요원에 대해 긍정의 표시로 고개나 끄덕이는 정도였고, 티 나게 선배 대접을 요구하지도 않아서 은근히 감사하며 특별한 관심을 두지 않고 지냈었다.

언젠가 술자리에서 그가 힘겹게 입을 열었다. 그는 짙은 해무가 끼는 날이나 악천후에는 너무 두려웠다고 한다. 야간 해상임무를 마치고 잠자리에 들어서도 쉬이 잠을 이룰 수가 없었다고 했다. 반드시 그런 날에 북파 명령이 떨어질 것이라는 생각으로 집행을 목전에 둔 사형수의 심정 같더라고 했다.

그의 고백 이후 한동안 술판이 무거웠었다. 어디 그뿐이었겠는가?

그 시절 고립된 병영에서 함께 일희일비하며 지내던 요원들 모두 그와 유사한 심정이었으리라. 함께 있어 서로 의지하고, 위로하며 애써 두려움을 감추고 있었을 따름이지 한 치 앞을 내다볼 수조차 없었다. 살아서 돌아간다는 것은 그저 막연한 희망사항이었을 뿐이었던 우리망치(8·12) 요원들 모두의 가슴은 죽음의 공포로 다가드는 검은 그림자에 덮여 무겁고 고통스러웠으리라.

긴 술판을 접으며, 우리 오래오래 건강하고 행복하게 살아서 자주 만나자고 서로 잡은 손을 힘차게 흔들었다. 모처럼 찾아든 한파에도 어깨를 움츠리는 요원 하나도 없었고, 우리의 시간은 스무 살 무렵으로 되돌려져 있었다.

전설의 해병대 망치

9. 망치 동지 회장

공 모 선임하사는 포항출신이다. 해군 ○사단이 위치한 포항은 해병의 땅이라 불릴 만큼 해병대원들을 자주 접하게 되는 곳이다. 포항 사는 또래 사내아이들처럼, 공 요원도 어려서부터 해병 군가 몇 곡 정도는 늘 듣고 웅얼거렸으며 그의 해병 입대도 자연스러웠다.

공 모 선임하사는 하사관 149기로 해병과 인연을 맺는다. 공 선임하사는 특수 수색교육, 밀봉교육과 1차 보수교육을 거쳐 1차 망치(8·12)요원이 되어 연평도에서 임무수행을 완수하고 돌아온 전우다. 이후 상사로 전역하기까지 20년 동안 해병대에 몸담았던 진짜 해병이다. 군복무 중 오랜 기간을 자신이 체득한 여러 특수 교육을 바탕으로 특수교육 교관(DI)으로 활동하면서 후배들에게 강한 해병 혼을 심어준 해병대의 공로자다. 제주도 근무 당시에는 제주대학에서 경영학을 전공했던 보기 드문 학구파이기도 하다. 교관으로 근무하는 동안 ROTC 장교를 비롯해서 하사관과 사병들을 고루 교육시켜왔지만, 그 중에서도 평범한 민간인을 자세 나오는 해병으로 육성하는 최초 기본교육 6주가 가장 보람 있었다고 술회했다.

교관 재임시절

그의 교육방침은 혹독하고 정확했었다고 한다. 참 해병을 길러내야 한다는 신념 뿐이었다고 했다. 그에게 교육된 제자들 중에 많은 이들은 혀를 내두르기도 했고, 이를 갈기도 했으리라. 그러나 그는 떳떳하게 말한다. 내 교육생들은 훈련 중에나 군복무 중에도 안전사고가 없었고, 무기력한 해병대원이라 지탄받는 자도 없었다고. 교육을 마칠 즈음, 그의 품을 떠나는 교육생들 중에서 간혹,

"교관님 덕택에 교육 잘 마치고 갑니다."

그런 인사를 남기고 떠날 때에는 슬그머니 돌아서서 찡해진 콧등을 매만지기도 했단다. 저 녀석들 내 원망 많이 했을 터인데. 많이 아프고 힘들었을 것을. 그들의 뒷모습을 지켜보며 믿음직한 군인이 되었구나 하고 안도할 때가 가장 행복했었다고.

전설의 해병대 망치

10. 외상 후 스트레스를 털어낸 김 하사

김 하사는 이상한 인연으로 해병이 되고 망치가 된 사례다. 태권도 유단자였던 김 하사는 고등학교를 마치고 여느 또래 아이들처럼 대학시험에 응시해서 합격했다. 대학 진학을 준비하던 김 하사는 아버지의 사업 실패로 어머니가 동네인근 서울 강서구 화곡동 시장 어귀에서 좌판을 펼쳐 집안 살림을 살펴야 할 정도로 가세가 급격히 기울었다. 대학 진학을 포기해야만 했던 김 하사에겐 미래가 보이지 않았다. 또래 악동들과 어울려 술을 마시고 싸움질이나 하며 지냈다. 때로는 원정 싸움판도 벌이고 다녔다.

어느 날
남산에 올라 술을 거나하게 마셨다. 해장술이 과했나보다. 낮술에 취해 나무그늘 아래서 한숨 푹 자고 일어나니 해가 서쪽으로 기울고 있었다.

기우는 해를 바라보는 순간, 불현듯 가슴 속으로 스산한 바람이 스치는 기분을 느꼈다. 소중한 젊음을 속절없이 탕진하고 있다는 자성 같은 것. 어차피 대학 등록이 물 건너갔으면, 뭔가 생산적인 일이라도 해봐야겠다는 생각이 간절했다. 술기운은 아직 온몸에 여운으로 남아 있는 채로, 목적지도 없이 휘적거리며 산길을 내려섰다. 양동, 도동 길을 지나 후암동으로 접어들었다.

한 무리의 젊은 패들이 웅성거리며 모여 있었다. 단지 호기심에 접근해서 기웃거리고 있었는데, 그곳은 병무청이었고, 그들은 입영 대상자들이었다. 어차피 바쁜 일도 없어 머뭇거리고 있을 때 웬 사내가 말을 걸어왔다. 자신을 해병대 병무관이라고 소개했다.

"너, 인물도 멀쩡하고 체격도 좋은데, 해병대 하사관 가라. 그럼 월급도 많이 받고 군대생활도 폼 난다."

넉넉한 '봉급' 과 '폼' 나는 군대생활

이 두 단어가 '싸나이'를 낚는 낚시 바늘이 되어 김 하사를 단번에 낚아채버렸다. 김 하사는 그렇게 하사관 153기로 해병이 되었고, 8·12요원이 된다. 하사관 교육을 마치고 자대에 배치된 지 얼마 지나지 않아 지휘관 누군가가, '자세 나오고 체격 되고, 목소리 우렁우렁한 이 말단 하사'를 눈여겨두었다가 차출하여 특수훈련에 투입해버렸다. 듣도 보도 못했던 동절기 보수교육, 즉 망치교육이었다.

당시 김 하사는,

"해병대 교육은 다 이렇구나."

라고만 생각했다. 타고난 체력과 꾸준히 해온 운동 탓에 눈치껏 뛰어 다녔다. 이를 악물고 휩쓸려 다녔다. 그러나 잠시만 주춤해도 귀신같은 교관의 악다구니와 몽둥이가 찾아다녔다. 훈련 초반에 교관이 휘두른 몽둥이에 안면을 정통으로 가격당해 코뼈가 비틀어졌다. 하늘에서 별이 한 다발 쏟아져 내렸다. 비명을 참으려 이빨을 꽉 깨물었다. 코피를 철철 흘리면서 뛰었다. 뛰고 또 뛰었다. 몽둥이질을 당한 코는 금방 부어올라 주먹만 해졌고 호흡조차 곤란해졌다. 그래도 입으로 숨을 쉬며 끝끝내 뛰어다녔다.

교관들의 몽둥이는 언제나 쫄따구만 찾아다닌다고 하지 않는가. 교관의 몽둥이와 숨바꼭질하느라 하루 종일, 아니 교육 내내 뛰고 또 뛰었다. 김 하사는 동절기 망치 보수기간 내내 그렇게 분주하게 뛰어다녔던 기억밖에 없다. 겨울을 다 보내고 봄이 길목에서 끝나리라 믿고, 진저리치며 견디어냈던 교육. 그 교육에 또 꼬리가 달렸다.

교육 수료 불과 이틀 전인 3월 4일

그동안의 교육을 총망라하는 종합평가 기간 중에 폭파교육을 마치고 귀대하던 보트끼리 충돌하면서 교육생 고 이광석이 실종되고 말았다. 실종자가 구조될 때까지 원대복귀하지도 못하고 이런저런 훈련 일정을 소화하며 대기해야만 했다. 아마 임지인 연평, 백령도에 시설물 준비가 완료되지 않은 탓도 있었나보았다. 사고가 있던 날부터 약 30일 만에 경상도 접경 해상에서 조업 중이던 어선의 그물에 고 이광석 교육생이 인양되었다. 그 처참한 장면을 목격하는 일은 고통이었다. 고 이광석 전우의 장례를 치루고, 4박 5일 특별휴가도 다녀왔다.

1982년 4월 23일

드디어 최종 선발된 50명이 연평, 백령도를 향했다. 해병 망치(8·12)요원으로 임무가 시작되었다. 김 하사를 포함한 ○○대대 병력 25명은 연평도로 향했다. 망치요원 주둔지 부근에는 섬 주민들은커녕 이웃 부대원들조차 얼씬도 하지 못했다. 요원들에게 외출 따위는 꿈도 꿀 수가 없었다. 전 요원들은 영내에 갇혀서 낮에는 주변 정돈과 시설물 신축, 보수, 장비 점검을 하고, 밤에는 임무수행을 위해 바다로 나갔다. 요원들 중에 그나마 가끔씩 외출을 다녀오는 유일한 사람들은 소대장과 최고참 선임하사뿐이었다.

김 하사는 계급은 하사였지만 군복무 기간으로만 본다면 쫄따구였다. 해병 하사관은 2개월에 1기수, 병은 보름에 1기수다. 하사관과 병은 입대 날짜가 며칠 사이면 사적으로는 동기처럼 지낸다. 공식적인 자리에서는 하사관은 엄연히 분대장이다. 병 고참이라 할지라도 하사관의 업무를 간섭하거나 월권은 절대로 금물이다. 그러나 사석에서는 입대날짜가 빠른 병에게 하사관도 깍듯이 대한다. 군대에서는 짬밥을 존중하기 때문이다. 김 하사는 아직 이 특별히 군 생활이 뭐가 뭔지도 모르고, 그저 고참들 눈치나 보면서 살벌한 분위기 속에 하루하루를 지내고 있었다. 왕고참 김 모 선임하사는 외출하고 돌아와서 요원들의 기강이 조금이라도 해이해졌다는 판단이 들면,

"이런 개새끼들, 이런 정신 상태로 임무수행은 제대로 하겠어?"

고함지르며 소총에 실탄을 장전해서 난사해버렸다. 물론 요원들을 겨누고 쏘는 것은 아니었지만 한바탕 소란이 일고나면, 요원들 모두 초긴장 상태가 된다. 총소리가 울리고 나면 연평도 전 부대에도 비상이 걸린다. 작전계획도 없는데, 총성이 연발로 들리니 행여 간첩이라도 침투했나 하고. 상황 점검 차 연락이 와도, 야간 특별 사격훈련이라고 얼버무리면 상황 종료였다. 우리요원에게는 더 이상 묻거나 따지는 일이 없었다.

요원들은 소대장을 필승대장으로 호칭했다. 망치요원의 위장된 명칭이 필승부대였기 때문이었다.

우편번호 160-23 경기도 옹진군 송림면 연평리 사서함 202 필승소대.

물론 문패도 없고 번지수도 적혀있지는 않았다. 김 하사는 망치작전 임무를 마치고 귀대했다가 다음해에 다시 망치요원으로 복귀했다. 두 차례 망치작전 임무를 마치고 귀대한 김 하사는, 84년 6월 함께 망치작전도 했던 직계 후임인 하사관 154기 우 하사의 자살 장면을 불과 5m 거리인 현장에서에서 직접 목격하고 난 이후, 정신적으로 심한 쇼크 상태에 빠졌다. 스스로 방아쇠를 당기자 두개골이 터지며 솟구치던 피와 뇌수. 그 처참했던 광경이 김 하사의 뇌리에서 지워지지가 않더라고 했다. 전역 후 10년 이상을 술로만 살았다고 한다. 심한 대인기피증으로 사회에 적응할 수도 생계를 위해 직장생활도 제대로 못하고 폐인처럼 살아왔노라고 했다. 가정을 꾸리고 자식이 생기면서 생계유지를 위해서 겨우 밥벌이만 하고 살아왔을 뿐이라고. 가슴을 드러내고 대화를 나눌만한 친구도 이웃도 없었다고 했다.

가족들에게조차 드러내지 못하고 지내온 아픈 세월
아내와 자식은 이런 자신의 모습을 어떻게 지켜보며 평가하고 있었을까 하는 생각에 이를 때마다 가족들에게는 너무 미안해서 가장으로서 면목이 없더라고 했다. 김 하사는 최근에야 비로소 가족들에게 망치요원이었던 과거를 떳떳하게 고백했다고 한다. 많은 망치전우를 만나며 용기를 얻었기 때문이라고. 가족들도 이제야 자신을 이해하고 응원한다고 한다.

전설의 해병대 망치

올해 들어 망치전우들을 만나면서 깨달은 사실 하나는, 그들 모두 크던 작던 아픔 하나씩 안고 살아가고 있다는 사실이었다. 그들의 모습을 대하고 보니 자신의 아픔도 극복할 용기가 생겼다고 했다. 망치전우들 모두는 김 하사의 자화상이었다. 즉, 거울에 비친 자신의 모습이었다. 이제 김 하사는 망치전우를 만나면 웃는다. 내 아픔을 헤아리는 동지를 만나서, 나 또한 그의 아픔을 이해하고 싸안을 수 있을 때, 사랑과 용기도 생겨나고 모든 관계는 아름답게 승화될 수 있으리라는 믿음 속에.

11. 나의 동기

10월 24일

서울 해군호텔에서 개최되었던 제1회 망치(8·12)요원 명예회복을 위한 워크숍은 예상보다 많은 전우들이 참석한 가운데 1박 2일의 일정을 성황리에 마무리할 수 있었다. 흐릿해진 기억 속에만 머물고 있던 그립던 전우들도 각자 저마다의 바쁜 일정을 잠시 뒤로 미룬 채 새롭게 모습을 드러냈다. 모두 반가운 얼굴들이었지만, 그 반가움 중 으뜸은 내 동기 강 모 요원이었다. 전남 벌교 출신인 강 요원은 타고난 체력과 운동 감각을 바탕으로 훈련 성적도 매우 우수했던 '타고난 해병'이었다. 공격적이고 전투적인 해병이 좋아서 해병대에 입대했다던 강 요원. 그 또한 여느 전우들처럼 힘겨운 해병 훈련을 무사히 마치고 자대에 전입되었다. 강 요원의 기대와는 달리 그가 배치된 부대는 한직이나 다름없는 해안방어 부대(그는 그렇게 표현했다.)였다. 해병 쫄따구였던 그에게 부여된 임무도 초소 근무와 간단(?)한 체력훈련을 제외하면 선임병들의 '따까리'와 허드렛일이 고작이었다.

해병다운 해병이기를 원했던 그는 일병시절 상급자와의 면담을 통해서 하사관으로 '기리까이' 해줄 것을 요구, 하사관 157기로 새로운 해병 인생을 시작했다. 해병 하사가 된 그는 특수 수색교육을 비롯해서 보수교육(망치교육)을 이수한 후 망치요원이 되었다. 망치작전 임무를 수행한 후에는 ＵＤＴ 교육, 공수교육 등 해병대원으로서 도전할 수 있는 모든 교육을 이수했던 이른바 전천후 해병이었다. 그런 그가 새로운 도전을 꿈꾸며 7년여의 해병생활을 돌연 마무리 하고 귀향했다. 귀향 초기에는 현대화된 유토피아와 같은 농촌을 가꾸어보겠다는 신념으로 5년 동안 젊은 지역 이장을 역임했다.

끓는 피 탓이었을까? 새로운 도전만을 생각하던 그는, 무리하게 사업 시도를 하다가 여러 차례 좌절을 경험했다고 한다. 세상은 물정도 모르는 사회 초년생인 그의 섣부른 도전에 흔쾌히 응대할 만큼 호락호락하지 않았다. 결국 그는 집안 살림과 5형제의 재산을 깡그리 말아먹는 못된 불가사리의 처지가 되고 말았다. 불운은 꼬리를 물고 찾아드는 습성이 있다고 했던가? 설상가상으로 교통사고를 당해서 한 쪽 다리를 절단하는 불행도 맞닥뜨렸다. 그런 불행조차 그의 도전을 막지는 못했다. 무일푼으로 눈 덩이 같은 빚만 짊어진 그는 아내와 어린 자식을 고향에 남겨두고 의족에 의지한 채 아무런 연고가 없는 속초 바닷가로 향했다. 그곳에서 두 해 동안 오징어 채낚기 어선에 승선해서 어부로 생활했다. 불편한 몸에 유난스레 배 멀미가 심했던 그는 심한 경우 5일씩 밥도 한 끼 챙겨 먹지 못하면서 뱃길을 따라 동해의 거친 파도와 맞섰다. 혹독한 모든 훈련을 견디어낸 해병정신이 그를 지탱해준 힘이었다고 술회했다.

그런 그의 노력에도 불구하고 문제는 돈이 되어주지 않더라는 거였다. 대부분의 선원들 급여는 월급제가 아닌 할당제다. 수확물에서 선가(船價)와 경비를 제외한 이익금은 계급별로 차등 분배된다. 신참의 몫은 당연히 가장 낮을 수밖에 없다. 그나마 수확량이 많고 생선 가격이 좋으면 넉넉하게 배당을 받을 수도 있을 터였다. 아직 그의 불운이 끝나지 않은 탓인지 그가 승선한 이후에는 나날이 천정부지로 치솟는 기름 값에 반해 오징어 가격은 곤두박질쳤고 이따금 시세가 좋을 만하면 오징어가 자취를 감추어버렸다. 오랜만에 풍어다 싶으면 포클랜드 등지에서 수확한 원양물 냉동 오징어가 풀려나오거나 수입업자들도 앞 다투어 값싼 수입산 오징어를 시장에다 대량으로 방출해서 시세 하락을 부추겨버렸다. 불편한 몸으로 부닥쳐온 서러운 객지 생활 속에 가장으로서 집에 생활비 한 푼 제대로 부쳐주지 못했던 자책감에 시달리면서도 더 나은 내일을 기대하며 견디어 냈다. 그러던 그도 2년을 버티어내다가 힘이 부대껴 속초항에 처음 발걸음을 내딛던 모습으로 떠밀리듯 귀향길에 오른다. 귀향 후 고향 벌교를 떠나서 순천으로 이주한 그는 그곳에 정착해서 어민으로서의 또 한 번의 삶을 개척하고 있다.

이번 행사기간 중 그가 직접 잡았다는 전어 횟감 세 상자를 손수 들고 와서 만찬장에 풀어놓았다. 만찬장에 준비된 다른 음식들에 반해서 강 요원의 가을 전어에만 전우들 젓가락질이 분주했다. 맛도 별났다. 여기저기서 찬사가 이어졌다. 결코 답례 차원의 립 서비스만은 아니었다. 제철에 잡힌 그의 전어에는 강 요원의 정성과 남도의 향도 넉넉하게 묻어 있었다.

내 동기인 강 모 요원
꼬리를 물고 찾아들었던 불행을 당당히 떨치고 일어서 오뚝이처럼 되풀이되었던 끊임없는 그의 도전도 이제야 그 결실을 맺기 시작하는지, 차츰 안정을 찾고 있는 듯 평온해 보이던 그의 모습에 안도하며 응원의 박수를 보낸다. 건강하고 당당한 모습으로 자주 만날 수 있기를 바란다.

12. 비운의 해병

망치(8·12)요원 복무 기간에는 일체의 음주 행위가 제한된다. 크게 두 가지 이유다.

첫째는, 임무 특성상 언제 명령이 떨어질지 몰라서다. 명령 즉시 출동을 해야 하기 때문에 24시간 긴장상태를 유지해야만 한다.

둘째는, 위험물이 도처에 산재해 있기 때문이다. 일반 부대의 병의 경우 근무를 마치면 탄약 등은 반납하여 일정한 장소에 따로 보관한다. 그러나 우리요원들은 24시간 출동 대기상태로 있어야 하기 때문에 K-2 실탄 180발과 수류탄 2발을 항상 휴대한다. 내무반에서도 머리맡에 두고 잔다.

폭파병이었던 내 경우는 C-4 폭약 25파운드도 개인 관리였다. 쉽게 설명하자면, 요원 개개인이 화약고인 셈이다. 만약에 요원 하나가 술에 취해 난동이라도 부린다면 부대뿐만 아니라 주변까지 초토화가 될 수도 있다.

망치요원에 배치되어 한 달이 채 안된 어느 날이었다. 대원들은 내일을 기약할 수 없는 불안감과 긴장 때문에 늘 스트레스를 달고 지내고 있었다. 정이 많기로 소문난 선임 해병 송 모 요원은 이런 전우들의 긴장을 풀어줄 요량으로 내무반에서 대접으로 물을 돌렸다. 물을 술이라 생각하고 술 마시는 기분을 내면서 스트레스를 풀어줄 생각이었다. 그런데 문제는 좀 오버하면서 시작되었다. 고된 과업을 마치고 먹는 밥은 꿀맛이어서 다들 잔뜩 식사를 마친 후였는데 거듭되는 물 대접은 고역이었다.

"에이. 씨발. 배때기 터져 죽겠네."

모 요원의 항의였다.

"뭐, 이 새끼 고참에게 하는 말투 좀 보게."

후임 요원으로부터 욕설 섞인 항의를 들은 송 요원이 벌컥 화를 냈다. 이때였다. 후다닥 총기를 찾아 든 모 요원이 다짜고짜 개머리판으로 송 요원을 내려찍어버렸다.

"퍽."

순식간의 일이었다. 누가 옆에서 제지할 틈도 없이 너무도 순간적으로 발생한 상황이었다. 이 사고로 송 요원은 쇄골이 부러지는 중상을 입었다. 해병대에서의 하극상은 상상도 못할 일이었다. 모 요원은 소대장을 비롯한 선임병들에게 죽지 않을 만큼 얻어터진 후, 체포 이첩되어 처벌받고 불명예 제대했다. 송 요원은 끝까지 망치와 함께 하겠노라고 버텨서 부상이 완쾌될 때까지 주계장(취사병)으로 남았다.

인정과 의리가 남달랐던 송 요원
포항 사단으로 원대복귀 한 다음 해 낙하산 강하 훈련 도중에 순직했다. 제대도 얼마 남겨놓지 않은 꽃다운 나이에 생을 마감하고 말았다. 낙하산이 불량이었는지 혹은 조종 실수였는지는 명확하게 밝혀지지 않았다. 수면 약 10m 상공에서 낙하산에서 이탈해야 하는데 50m 상공에서 갑자기 낙하산에서 이탈하면서 곧장 수면으로 수직으로 추락했다.

제주도 출신 해병 병장 고 송 요원.

삼가 고인의 명복을 빈다.

13. 나의 유일한 쫄따구

2차 망치시절, 이 모 요원은 내 유일 무이한 쫄따구였다. 충남 서산 해미 출신인 이 모 요원은 나보다 두 기수 아래인 442기. 군에서도 맨 막내는 보호해주는 전통이 있어서 망치시절에도 궂은 일은 나와 동기인 박 모 대원 둘이 거의 도맡았다. 자대에 배치되고 한 달 후에 신입으로 이 모 이병이 들어왔다. 선임들 빨래도 도맡아 하던 쫄따구 시절. 헹구고 난 빨래를 함께 짜는데 악력이 무지하게 좋았다. 빨래를 둘이 한 차례 비틀고 나면 물기가 완전히 빠져버리는 느낌이었다. 운동했었냐고 물었더니 충남 홍성고 시절에 복싱 선수였다는 거다.

그가 온 지 며칠 후
가끔씩 중대별로 체력이 좋은 사병들을 뽑아서 12㎞ 무장구보(완전군장)를 시킨다. 중대 체면이 걸린 일이라서 중대 내에서도 내로라하는 사병들만 선발했다. 나도 우리 ○중대 대표 중 한 명으로 출전 준비를 하고 있었다.

"노 이병님, 저도 무장구보하게 해주십시오."

이 모 이병이 요구했다.

"야, 임마, 무장구보 아무나 하는 게 아냐."

나는 한 마디로 일축해버렸다.

이 모 이병은 집요했다. 내 꽁무니를 졸졸 따라다니며 졸라댔다. 과거에 복서라고 했고, 체력이 될 것 같아서 중대장에게 추천하여 팀에 합류시켰다. 구보를 시작하자 이 이병은 놀랍게도 잘 뛰었다. 무거운 군장차림에 힘한 코스를 완주하면서도 지친 기색 하나 없이 씩씩하게 잘 뛰었다. 그날 우리 중대가 대체로 좋은 성적을 거두었다. 대대장 칭찬도 있었다. 결과적으로 이런 모습들 하나하나가 망치(8·12)요원으로 임의 차출되게 된 동기로 작용했다.

망치시절
그는 내게 충직한 쫄따구였다. 내게 절대복종하는 그의 태도가 너무도 감동적이어서 나 또한 그를 아끼면서 지냈다. 망치작전 임무완수하고 자대로 복귀한 뒤에도 같은 내무반을 썼다. 아래 기수들을 교육할 일이 생겼을 때에도 그를 불러다 한 차례 주의를 주고 나면 모든 게 일사천리였다. 그로 인해 고참이 되어서도 편한 군대생활을 할 수 있었다.

제대 후 10여 년 세월이 지나고 나서, 망치요원 출신으로는 처음으로 우연히 그를 만났다. 경기도 시흥에서 제법 규모가 있는 슈퍼마켓을 운영하며 잘 살고 있었다. 일찌감치 부동산에도 눈을 떠서, 인천부근에 투자했던 단독주택 두 채에서 상당한 시세 차익을 남겼고, 고향에 갖고 있던 토지도 개발이 되어 비싼 값에 매도해 그 나이에 비해서는 제법 큰 재산을 모았다고 했다. 그의 처에게 선임인 나와의 추억을 수도 없이 이야기했었나 보다. 한 번 그에게 찾아갔더니 그의 처도 무척 살갑게 대해주었던 기억이 있다. 소식이 끊긴지 꽤 오래 되었다. 망치 부대전우회도 창설되어 전우들은 삼삼오오 찾아드는데 그는 아직 행방이 묘연하다. **무척 보고 싶은 전우다.**

한 시 바삐 다시 만나 소주라도 한 잔 나누고 싶어진다.

14. 공용수(空用手)

군대 용어인 고문관이라는 말이 요즘은 사회에서도 보편화 되어 쓰이고 있다. 그 어원은 이렇게 전해진다. 한국전쟁 시절 미군 고문관들이 한국어도 잘 못하고 사회 물정이 어두워서 그를 이용하여 잇속을 챙긴 군인이나 군속이 많았다고 한다. 그들을 빗대어 행동이 굼뜨거나 좀 어리버리한 군인을 지칭하는 말로 자리 잡았다. 군대서 고문관은 천성이나 지능이 그러려니 하고 선임병들이나 동료들이 묵인하거나 인정한다. 아니, 용서나 체념이라는 표현이 옳겠다. 아직 사전에도 등재되지 않은 공용수라는 말이 있다.

공용수는 쓸 모 없는 군인

좀 심하게 표현하면 백해무익한 존재를 일컫는다. 능력은 되나 하려 들지 않고, 매사에 요령이나 피워서 전우들도 고통스럽게 만드는 병사다.

팀워크를 중시하는 해병대에, 그것도 특수 수색교육 도중에 그런 사병이 있다고 상상해보라. 공용수가 있는 팀은 훈련이나 작전에서 이중 지옥을 경험할 수밖에 없다. 불행하게도 우리 팀에 그 반갑지 않은 손님이 있었다. 더구나 내 짝이었다.

특수 수색교육을 받는 교육생의 경우, 자신의 체력이나 능력을 믿고, 군인다운 군인으로 복무를 하고 싶어 자원을 하거나, 지휘관들의 눈에 '물건'이 되겠다 싶은 병사를 차출한다. 그러나 아무리 이해하려 해도 내 파트너인 공용수는 자원했을 이유가 전혀 없었고, '물건'으로 인정되어 지휘관이 지명 추천했을 까닭은 더더욱 없었다. 어쩌면, 소행이 너무 괘씸해, 빡센 조직에 가서 제발 정신을 좀 차리고 오라거나 아니면 아예 뺑뺑이 좀 돌아보라는 의도로 찍어 보낸 게 아닌가 싶었다. 보트를 머리에 얹고 훈련을 받다가 힘들다고 혼자 머리를 쏙 빼다 교관에게 걸리고, 남들 박박 길 때 무릎 세우고 엉금거리다 발각되기도 하고, 교관 눈치를 살피며 대열 옆으로 이동해서 딴 짓하다 걸린다.

거듭 강조하지만 해병대의 훈련이나 작전 모두 팀워크다. 한 대원으로 인해서 팀이 분열될 수 있고, 전력이 무력화될 수 있다는 사실을 강조하며 이 부분을 집중 조련한다. 그 공용수 덕에 우리 팀원들 얼차려 무지하게 받았다.

하나에 '불량 양심을',

둘에 '떨쳐버리자'.

하나에 '전우여',

둘에 '잘하자'.

하나에, '협동',

둘에 '단결'.

이 구호, 입에 단내 나게 많이 했다.

팀원들 모두 부글부글 끓었다. 그 공용수 팀원들에게조차 욕을 무지하게 많이 얻어먹어서 장수할 거라고 믿는다. 이제 세월도 한참 지났지만, 그 공용수 잘 살고 있나 궁금하다. 가끔 떠올릴 때마다, 피식 웃음만 나온다.

전설의 해병대 망치

15. 진통제를 끼니처럼

409기 유 모 요원은 명문 사립대학 법학과 2학년을 마치고 입대했다. 그의 고향은 경기도 강화다. 27년 만에 만난 유 요원은 힘 빠진 두 눈으로 멍하니 바다를 보며 넋이 빠져 있는 듯했다. 세월은 망치요원시절 명석하고 예리했던 그의 흔적을 지워버렸고, 머뭇거리다 나를 맞으며 서둘러 무엇인가 삼켰다. 그리고 물 한 모금 마신 후 부인과 딸을 소개하는 동안 어느새 옛 모습으로 돌아가고 있었다.

반가운 추억담이 시작되자 그의 꼼꼼한 성격 탓에 그간 소중히 챙겨 두었던 군 시절의 추억록과 입대에서 제대하는 날까지 날짜별로 꼼꼼히 기록한 아주 중요한 자료도 보관하고 있었다. **오랜만에 만난 유 요원은 말문이 터지자 울분을 토하며 또 한편으로는 제대하고 처음 우리요원을 만난다며 반가움에 눈물을 글썽**

이며 말없이 내 손을 꼭 잡고 놓지 않았다. 그러자 옆에 있던 그의 부인이 "오늘은 우리 애 아빠가 기분이 매우 좋은 것 같아요. 이이는 하루에 진통제 9~10알을 먹어야 버틸 수 있어요." 라고 귀띔해 주었다.

그의 부인은 그가 밤만 되면 무릎에 심한 통증 때문에 진통제를 먹지 않으면 눈조차 부칠 수가 없다고 덧붙였다. 해병대에 가서 골병이 들었다고 너무 안쓰럽다며 눈물을 훔쳤다. 유 요원은 입대 전에 그의 부인과 이미 혼인을 약속했던 사이였다. 제대 후 망가진 몸과 마음은 만신창이가 되었고 누군가의 도움 없이는 도저히 살아 갈수가 없었다. 헌신적인 아내의 사랑에 복학을 포기하고 서둘러 결혼을 해서 가정을 꾸렸다. 망치의 악몽이, 지워버리고 싶기만 했던 그 기억들이 법조인이 되고자 했던 그의 꿈마저 꺾어버리고 병든 몸으로 고향에 주저앉아 안주하게 되었다고 한다. 강화는 해병대 주둔지여서 눈만 뜨면 해병대원들과 마주치고 지낸 탓에 그의 해병 입대도 전혀 어색함이 없었다.

1980년 8월 6일, 그는 진해훈련소에 첫 발을 내디뎠다. 그 시기는 5·18 이후 사회 분위기가 어수선할 때였다. 진해 신병 훈련소에서 전반기 6주 교육을 마치고 포항 ○사단 교육대에서 후반기 4주 교육 후, ○○대대 ○중대에 배치되었다. 이후 대대 TTT 훈련도 마치고 QRF 선발대로 뽑혀 진해로 출동, 약 5개월간 머물다 원대 복귀했다. 귀대 즉시 IBS 훈련과 제주도 상륙훈련, 그리고 유격훈련 등의 일정을 쉴 새 없이 치루고 4박 5일의 특별 휴가도 다녀왔다. 귀대 다음날인 6월 6일, 12주간 악명 높은 특수 수색교육을 시작했다.

특수 수색교육은 악몽이라고들 표현한다. 그 힘든 교육중인 8월 12일 부대에 비상이 걸렸다. 실제상황이라고 했다. 미그기가 침범했다는 거였다. 그 숫자가 평생 그의 의식 속에 각인 될 숫자라고는 꿈에도 생각하지 못하고 있었다. 훗날의 망치요원으로 평생 기억될 숫자 8·12.

훈련을 하면서도 항시 출동할 수 있는 5분대기 상태를 유지하고 있었다. 어쨌든 오래 지나지 않아 상황은 정돈되었고, 특수 수색교육을 무사히 마치고 나자 또 4박 5일의 특별휴가가 주어졌다. 귀대하자마자 연이어 15일 정기 휴가도 주어졌다. 해병대 입대한 이후로 지루하리만큼 달고 행복한 시간이었다.

그 행복도 잠시, 긴 휴가를 마치고 부대로 복귀하던 81년 9월 19일. M B S 교육이라는 해괴한 명칭의 교육이 기다리고 있었다. 밀봉교육, 즉 밀봉스쿨이라는 급조된 교육명칭이었다. 북파준비 교육이라고 했다. 교관들에게 정신없이 휘둘리며 3주를 보낸 탓에 무슨 교육을 어떻게 받았는지 기억도 나질 않을 정도였다. 산과 바다를 혼이 빠지게 오르내리고, 비트를 파서 은신하고 암호를 교환하며 어쩌고, 그 정도.

때로는 너무 힘이 들어서 콱 죽어버릴까. 이런 생각 했던 것. 10월 7일까지 3주에 걸친 교육을 마친 후 별 일없이 소소한 훈련을 소화하며 무난히 군 생활이 이어지는 듯 했다. 해가 바뀌어 82년 첫날 상병 진급도 했고. 진급 3일 후인 1월 5일. 해병대 역사상 유례가 없는 동절기 보수교육(일명 망치교육)이 시작되었다. 8·12요원, 즉 망치로 향하는 길이었다. 가혹한 겨울 바다에서 9주간의 지옥 길이 열리고 있었다.

전설의 해병대 망치

16. 박수가 된 무일도사(無一道士)

해병하사관 151기 김 하사는 까다로운 멋쟁이였다.

고된 과업 후
대부분의 요원들은 씻기도 귀찮아 아무렇게나 쓰러져 뒹굴 때에도 그는 꼭 씻고 면도까지 깔끔하게 한 후 주변 정리를 마치고 나서야 비로소 눈을 붙였다. 요원들 대부분은 저 사람 제대하면 틀림없이 제비로 풀릴 것이라고 뒷담화를 하며 킥킥거렸다.

수소문 끝에 26년 만에 만난 김 요원. 첫눈에도 일반 사람은 아니었다. 긴 수염에 행색 또한 범상치가 않았다. 한참을 살펴보았다. 어떻게 표현을 해야 할지 너무나 충격적어서 말문이 막혔다. 군 시절 한 치의 오차도 없던 완벽함은 자취도 없고, 초췌한 몰골에 허름한 행색이 의아하기만 했다.

"정말 김 하사가 맞습니까?"

거듭 되물었다. 얼굴 전체에 패인 고랑이나 반백의 머리카락이야 세월 탓이라 치더라도, 정수리까지 훤하게 드러난, 숱이 다 사라진 채 치렁치렁하게 늘어뜨린 긴 머리채조차 너무도 생경했다.

음식점에 들어가 소주와 안주를 주문하고 마주 앉았다. 가늘고 결이 갈라지는 음색만 그 시절의 김 하사를 기억하게 했다. 모처럼 조우한 전우와의 자리가 어색해서였을까, 김 하사는 큰 잔을 주문했다. 오랫동안 갈증에 시달려왔던 것처럼 맥주잔에 스스로 술을 따라 벌컥벌컥 연거푸 두어 잔을 들이키고 나서야 말문을 열었다.

어느새 그의 눈가는 촉촉해져 있었다.

"야! 노 상사 반갑다." (나, 노영길은 병장 제대)

그는 나를 이렇게 불렀다.

"살아 있으니 또 만나게 되서 정말 기분이 좋다."

그는 거듭 맥주잔에 소주를 채웠다. 내가 좀 천천히 마시자고 제지를 해도 막무가내였다. 안주는 관심도 없는 듯, 깡술만 마셔댔다. 대화를 이어갈 수조차 없었다. 대화에도 관심이 없어 보였다. 그날은 그렇게 김 하사의 소재를 파악만 한 것으로 만족하고 헤어져 돌아왔다.

얼마 후 그로부터 전화가 왔다. **자신은 신 내림을 받아 무당이 되었다고 했다.** 산 생활을 하다가 아내를 만나서 산을 내려와 가정을 꾸렸노라고 했다. 나이 50에 1살 3살 여식을 두었다고. 나를 만나자 너무 반가워서 술만 먹고 할 말도 못하고 왔다고 했다. 무당 생활로는 생계가 어려워 목수로 막일을 하고 있지만, 망치 후유증으로 인해 망가진 몸 때문에 막노동도 순탄치가 않다고 했다. 막내가 돌이라 돌잔치를 해야 하는데 돈이 없어서 못한다며 돌 반지 값으로 현금으로 하라고 했다. 그의 형편을 짐작케 하는 대목이었다.

김 모 요원 같이 무일도사의 길을 가고 있는 요원들이 몇 명 더 있다는 얘기가 귓가를 스치고 있다. 어쩌면 인간의 한계상황까지 내몰렸던 우리의 처지가 인간으로 더 나아 갈 수 없는 한계를 넘어 영적인 세계로 확장한 것이 아닌가 의문을 가져 본다.

뒤늦게 가정을 꾸리고 아직 철없는 두 아이들의 아버지로 한 집안의 가장이 되어 열심히 살아가는 모습이 정겹다. 간혹, 술판을 어지럽힌다는 지적도 있지만 그의 논리는 항시 정연하고 사안을 분석하는 그의 사고력 또한 적확(的確)하다. 나는 개인적으로 그의 능력을 높이 평가하고, 그의 정감 넘치는 인간미에도 후한 점수를 매기고 싶다. 가장으로서, 무속인으로서, 우리망치 전우로서 그의 남은 인생길이 탄탄대로로 펼쳐지기를 기원한다.

그 후 우리요원의 모임에 열성적으로 참석을 하고 있다. 요원들만 보면 기분이 좋다고 한다. 망치원 시절의 그를 기억해본다. 그는 매일 새로운 무언가를 갈망했다. 늘 어디론가 떠나고 싶어 했다. 그러나 어쩌겠는가. 주둔지에 갇혀 오도가도 못 하는 백령도 망치요원의 처지를.

망치요원들은 월급보다 많은 생명수당을 수령했는데 함부로 나다닐 수가 없어서 월급과 수당은 차곡차곡 비축되었다. 설령 현금이 있다 해도 부대 주변에는 구멍가게조차 없어서 돈을 쓸 기회도 전혀 없었다. 어쩌다 후임 요원들에게 삥을 뜯는 선임들만 잘 대처하면 요원들의 주머니는 나날이 두터워만 졌다.

우리요원에게는 부식도 특별했다. 육 고기는 기본이었고, 닭과 생선 등, 당시만 하더라도 일반 부대에서는 감히 꿈도 꿀 수 없는 기름지고 풍요로운 식자재를 제공 받았다. 대원들 대다수가 식생활에 불만이 없었는데, 유독 김 하사만 까탈스러웠다.

같은 반찬이 하루에 두 차례 이상 식탁에 얹혔다 하면 주계병(취사병)은 김 하사에게 특별 교육을 받았다. 말이 교육이지 어찌 교육이겠는가. 교육이라는 명분의 화풀이일 따름이지.

이제 와서 고백하지만, 김 하사 명령에 의해서 서리를 한 적이 있었다. 말이 좋아 서리지 법적으로는 절도. 단체로 한 일이라 특수절도쯤 되겠지.

어느 날 새벽, 과업을 마치고 대원 모두 맛있게 식사를 하고 있는데, 김 하사는 먹는 시늉만 하다 수저를 놓았다. 고참 눈치 살피는 데 있어서도 귀신같은 해병, 그 중에서도 쫄따구인 나와 박 요원은 불똥이 튈까 사뭇 긴장했다. 아니나 다를까 식사 후 내무반에 들어오자마자 김 하사가 집합을 시켰다. 이유인 즉 군대 음식이 질려서 사제 음식 먹고 싶다는 거였다. 정리하자면 사제 음식 구해오라는 명령인 셈. 고참들은 당연히 쫄따구에게 미루고. 난감한 쫄따구는 박 요원과 나 둘 뿐. 밖으로 나간 둘이 담배 한 대 피우면서 고민했지만 대책이 없었다. 어디에 가서 무엇을 구해다 진상을 한단 말인가.

둘이서 전전긍긍하고 있을 즈음 김 하사가 나왔다. 다짜고짜 야전삽을 들고 따르라는 거였다. 둘은 김 하사 꽁무니를 따랐다. 군가를 시켰으면 군가도 부르며 따라갔겠지. 한참을 걸어 이른 곳은 백령 초등학교 교장 사택. 우리 둘은 김 하사의 지시에 따라 작은 항아리 하나를 팠다. 야간에 비트를 파던 솜씨로 소리 죽여 신속하게. 물론 사주경계도 게을리 하지는 않았다.

항아리는 애물단지였다. 손잡이가 없어서 운반하기도 불편했지만 조그만 단지가 무겁기는 왜 그리 무거웠던지. 아무튼 그 항아리를 안고 산길을 오르내리는 것도 특수교육의 연장처럼 느껴졌다. 노획물을 들고 보무도 당당하게 귀대한 후 개봉하니 고추장이었다. 김 하사가 맛을 보더니 바로 이 맛이라고 했다. 우리 둘은 주방 주변을 뒤져 빈 플라스틱 통을 수거한 후, 고추장을 옮겨 담아 은닉했다. 남는 양은 빈 실탄 통에 알뜰히 챙겼다. 마지막 지시에 따라 빈 항아리를 산산조각낸 후 산에 파묻어 은닉했다. 그날 이후 김 하사 표정이 한동안 밝았다. 우리도 며칠 동안은 편안했다.

벌써 30년 가까운 세월이 흘렀다. 늦게나마 교장님부부께 사죄드린다. 답답하고 외로웠던 시절 철없던 군인들의 악행을 용서하시라고. 아직 그곳에 계시다면 그날의 악동들 꼭 함께 찾아뵙고 인사 여쭙겠다고.

전설의 해병대 망치

17. 국립묘지와 무일도사(無一道士)

2009년 10월 25일 오전 동작동 국립묘지 27 묘역

우리요원들의 방문을 반기는지 깊어가는 가을 날씨도 차분하고 청명하게 무르익고 있었다.

해군 상병 이광석. 1982년 3월 4일 영일만에서 순직

고 이광석 대원의 비석 뒷면에는 그가 세상을 떠난 기록을 그렇게 간단히 새겨놓고 있었다. 제1차 보수교육(망치교육) 도중 순직, 안타깝게도 짧은 생을 마감하고만 고 이광석 대원의 묘지 앞에 선 전우들 모두는 숙연했다.

모처럼 뭉친 요원들은 만찬장에서의 뒤풀이를 마치고 난 후에도 동기들 혹은 중대원들과 삼삼오오 짝을 이루어 새벽까지 술판을 이어갔던 터라

쉰 줄에 들어선 나이들을 감안하면 취기도 채 가시지 않았을 법도 한데, 망치(8·12)요원다운 그들의 기상은 아직 당당했다. 밤새워 마신 술에도 한 치의 흔들림조차 없었고 가을 색 깊은 국립 현충원에서의 발걸음도 가벼웠다.

무속인의 길을 걷고 있는 **무일도사는 고 이광석 전우의 묘지 앞에서 참배하는 중에 초혼하며 망자의 영혼과 접신을 시도했다. 잠시 후 고인과의 접촉에 성공했다는 무일도사는 고인이 "전우들의 방문에 감동해서 울고 있다."고 했다.** 이번 모임을 통해서 새롭게 회장으로 추대된 공 모 선임하사의 앞길이 순탄할 것이라는 덕담도 했다고 한다. 망치부대전우회 대표가 된 공 회장의 순탄함이란 곧 망치요원동지회의 앞날이 순탄함을 의미하는 것이라는 자신의 해석도 덧붙였다.

공 회장은 고 이광석 대원과의 특별한 인연을 소개했다. 고 이광석 대원이 순직했던 그 훈련기간 내내 공 회장과 고 이광석 대원은 같은 내무반에서 함께 생활했으며 취침도 자신의 옆자리에서 했었다고 한다. 고된 훈련을 마치고 함께 잠자리에 들었던 그들은 서로의 호흡으로 교감하며 고단했던 일과를 정리했고 무언 중에 서로의 안위를 염려하기도 했을 것이다.

망치의 추억

아홉째 마당

1. 일과

우리요원들은 낮에는 주로 잠을 자거나 야간 과업을 위한 준비를 하고 야간에는 날씨와 관계없이 훈련과 작전수행을 위하여 보트를 바다에 띄웠다. 중무장인 채로 야지와 산악을 뛰어다니며 교전과 접선방법 등을 숙달하면서 북파 시 임무를 완수하기 위해서 피와 땀을 쏟았다.

목표물에 습격하여 임무완수 후 해안에서 적에 의해 퇴로가 차단되는 경우를 대비, 침투로와 도주로를 다양하게 설정해서 반복 훈련을 했다. 이 훈련도 여러 상황을 예상해서, 모든 상황을 능동적으로 대처하며 생존 귀환하기 위하여 모든 요원들은 적진의 지형지물과 주변상황을 철저하게 숙지하고 암기했다.

우리요원이 작전 지역에 침투하면, 적진을 완전히 장악하여 적을 섬멸하고 요인납치와 중요시설 폭파, 모든 통신 시설을 비롯한 가용의 설비들을 회복할 수 없도록 철저하게 파괴해서 무력화시켜야만 하는 것이다

우리요원이 일반 소수의 공작원들처럼 들길이나 야지를 뛰며 스스로 퇴각로를 개척하여 생존 귀환할 수 있도록 대비하는 것은, 교전이 발생하여 대다수의 요원들이 전사하거나 팀에서 이탈되었을 경우를 대비한다. 요원들은 틈만 나면 장비들을 점검하고 훈련 중에 실 사격한 총기는 언제든지 즉시 재사용이 가능하도록 수시로 손질하고 본인과 관계된 장비들은 철저하게 손에 익히고 정비를 소홀히 하지 않았다.

우리는 휴식시간이 따로 없었다. 쉬는 시간에도 걸음걸이를 포함한 모든 행동이 작전을 염두에 두고 있었다. 임지에서는 자나 깨나 1분대기 태세를 유지했다. 적진 침투훈련은 100~200m를 보통 1~2시간에 걸쳐 진행되기도 하는데, 매설된 지뢰나 클레이모어 등 위험물을 살피며 적의 침투 감지선을 통과해야 하기 때문이다. 침조차 함부로 삼킬 수 없는 이런 침투는 웬만한 인내심으로 견디기가 어렵지만, 막상 훈련과 작전에 임하게 되면 요원들은 실전처럼 진지해진다.

우리요원이 최초로 임지에 투입되어서 작전을 전개할 때에는 백령도나 연평도 주민들이 망치의 이상한 무기나 복장을 보고 진짜 간첩으로 오인해서 군부대에 신고하는 해프닝도 있었다. 우리요원들은 때로는 특정 지

역을 북한의 마을이라고 가정해서 침투하여 주민들의 밥을 몰래 훔쳐 먹거나 닭 따위의 가축을 은밀하게 훔쳐내기도 했다. 이후 주민들의 눈을 피해서 산악으로 올라가 미리 구축해둔 비트로 찾아들어서 다음 명령을 기다리며 은신해 있기도 했다.

2. 긴장과 낭만의 섬 백령도

우리요원이 주둔하고 있던 백령도

백령도는 인천 북서쪽 191.4㎞, 동경 124도 53분, 북위 37도 52분에 위치하고 있다. 북한 장연군과의 거리는 10㎞, 장산곶은 15㎞에 불과하다. 백령도는 북한 지역 한 복판 해상에 위치하고 있어서 군사적 대치상황으로 볼 때는 적군의 목에 비수를 겨누고 있는 형국이다. 백령도는 삼국시대에 이어 고려 초기까지 곡도(鵠島)라는 지명이었다. 그리고 삼국시대부터 귀향지로 알려졌다.

태조 왕건을 도와 고려를 세운 개국공신 유금필이 간신배의 무고로 그곳 곡도에서 일시적인 유배생활을 한 것으로도 기록되어있다. 고려시대에 백령도라는 이름으로 개명되어 지금에 이른다. 한문 풀이로는 백령(白翎)의 령이나 곡의 뜻과 거의 같다.

곡(鵠)은 따오기를 뜻한다. 따오기는 황새목 저어새과로 목 뒤에 깃이 돌출되어 있다. 백령의 령(翎)은 깃털 령으로 흰 따오기의 깃털을 구체화해서 백령(白翎)이라는 이름을 택한 것이 아닌가 생각한다. 황새나 두루미나 통틀어 학으로 불렀던 선조들은 학을 성스럽고, 품위 있고, 지조 있는 새로 여겼다. 장수와 영물로 상징되기도 했던 학의 개념을 백령도에 고착시키려했던 흔적이 이곳저곳에서 발견된다.

백령도는 비상하는 학의 날갯짓을 상징한다고도 하고, 학의 날개로 사랑을 이어주는 섬이라고도 한다. 이런 낭만적인 섬의 유래나 전설과 달리 오랫동안 군사적으로 팽팽한 긴장감을 지속하고 있는 곳이기도 하다. 당나라를 비롯해서 서역 여러 나라와의 교역이 활발하던 고려시대부터 왕실은 백령도에 군진을 설치했다. 노략질을 일삼는 해적들을 소탕하고 교역선단을 보호하기 위한 조치였다. 어떤 의미에서 보면 그때 주둔했던 고려군이야말로 우리 해병대의 조상이라고 볼 수도 있다. 지상전은 물론 해전도 능히 소화할 수 있는 군대. 우리 해병대 말고 어떤 군대가 있는가?

백령도의 군 주둔사는 조선 고종 때까지 이어지다가 일제의 압력에 의해 한동안 종식되었던 것으로 보인다. 백령도와 우리 해병대와의 인연은 1951년 한국전쟁 중에 우리해병이 주둔하기 시작하여 현재에 이르고 있다. 백령도를 무대로 한 『심청전』은 아직도 발표 연대와 작가가 알려지지 않고 있다. 백령도로 귀양 왔던 어느 지식인의 작품이 아닐까 생각한

전설의 해병대 망치

다. 『심청전』은 효(孝)를 중심으로 한 우리 유교적 정서와 불교의 가르침을 적절하게 구체화한 수작으로 평가되고 있다.

우리요원은 심청전의 배경이 되었던 인당수 물살을 고무보트로 가르고 다녔고, 심청이 연꽃으로 변하여 머물렀다는 연봉바위 부근을 작전 대기해역으로 삼았으며, **우리요원의 주둔지는 연화리**(蓮花里)였다. 늘 긴장으로 살벌했던 우리 백령망치의 행동반경은 감동적인 고전 『심청전』의 무대였다.

3. 전설의 섬 백령도

백령도는 경기도 옹진군 백령면이다. 우리요원은 장촌항에 인접해 있었는데 부대 근처에는 1997년에 천연기념물 제392호로 지정된 콩 돌 해안이 약 1㎞ 가량 펼쳐져 있다. 자갈이 해류에 연마되어 콩 돌이 되는 데는 약 1만 5,000년 세월이 소요된다고 한다. 긴 세월동안 바위가 파도에 쓸려 자갈이 되고, 자갈이 다시 콩 돌의 모습으로 우리 앞에 펼쳐진다.

우리요원의 부대 앞에도 규모는 좀 작지만 약 300~400m 가량의 콩 돌 해안이 형성되어 있었다. 백령도부근 해상에는 평균 2~3m의 높은 파도가 이는데, 파도가 조금 잦아드는 날 잔 물결이 콩 돌을 굴리는 소리는 참으로 오케스트라연주 못지않게 명징하다.

부대 앞으로 보이는 『심청전』의 등장무대인 연봉바위는 심청이가 연꽃으로 변하여 터 잡은 곳이라 전해지고 있다. 연봉바위 주변 물살은 언제나 급한 소용돌이를 일으키곤 해서 주변을 항해하거나 조업하는 소형 선박들에게는 전복 등의 우려가 큰 위험요소가 산재한 곳이다. 그래서 그 배경이 소설 『심청전』의 모티브가 되지 않았나 싶다. 우리 작전지역 반경인 인당수 너머엔 우리요원들의 목표물인 월래도가 나지막이 엎드려 있고, 그 뒤로 황해남도 장연군 해주 장산곶의 절경도 눈앞에 펼쳐진다.

지척임에도 갈 수 없는 우리 민족의 땅

분단의 비극으로 서로 총구를 겨누고 마주 서야 하는 현실 속에서도, 임무가 없는 날 북녘 땅을 바라보면 천연덕스럽게 평온해 보인다. 언제쯤이나 서로 부둥켜 안고 위로하며 두 다리 쭉 뻗고 잘 수 있을까.

백령도는 천혜의 관광자원도 풍부하다. 전 세계적으로 개체수가 얼마 안 되는 물범 서식지를 비롯해 남녘의 해금강이라고 불리는 두무진의 기암괴석. 그리고 전 세계적으로 이탈리아 나폴리와 통틀어 두 곳밖에 없다고 알려진 사곶 해수욕장의 천연비행장이 있다.

백령도는 해가 낯설 정도로 해무가 자주 낀다. 심한 날은 지척을 분간할 수 없을 만큼의 짙은 안개로 호흡이 곤란하기도 하다. 백령도 주민들은 이런 척박한 상황 속에서도 반농, 반어로 생계를 유지하며 후덕한 인심을 잃지 않고 살아가고 있었다.

30년 전 망치요원 시절. 나는 요원들과 함께 알 수 없는 미래에 대한 긴장과 두려움 속에 그 섬에서 대한민국 해병 특수요원으로 임무를 수행했다. 내 삶을 통해서 절대 잊을 수 없는 추억이 심겨진 곳이기도 하다. 언제 한번 다시 찾을 때에는 백령도의 해무가 말끔히 걷히듯 이러한 긴장의 장막이 걷힌 해맑은 하늘을 보고 싶다.

망치요원 뒤에 보이는 섬이 연봉바위

전설의 해병대 망치

4. 백령도의 추억

백령도에서는 3월에서 7월 사이가 까나리 철이다. 까나리 철에는 까나리가 하도 흔해서 우스갯소리로 백령도의 개와 고양이도 까나리는 먹지 않는다고 한다. 어민들은 조류가 빠른 연안에 그물을 설치하여 조류의 힘을 이용, 까나리 떼가 자루 안으로 모여들게 하는 방법으로 조업을 한다. 동해안에서는 산란을 위해 모래바닥에 은신해 있는 까나리를 겨냥해서 모래바닥 가까이에 그물을 설치하여 까나리가 튀어오를 때 그물에 걸리도록 하는 방식으로 조업을 한다는데, 지역과 여건에 따라 같은 어종이라도 조업 방법이 다른 모양이다. 병사들끼리는 백령도 아가씨를 까나리라고 농을 한다.

무료함이나 외로움에 따른 일시적 로망으로 접근했다가는 큰 코 다친다는 이야기다. 백년해로 할 각오 없이는 함부로 털끝 하나 손대지 말라는 뜻이다. 까나리처럼 물면 끝을 본다고. 지역민들이 황천경보라고 부르는 폭풍주의보가 발령되고 나면, 섬의 모든 생명체는 폭풍이 지나갈 때까지 숨을 죽인다. 폭풍이 지나고 난 해변에는 미역이나 다시마와 같은 해조류와 함께 각종 어구들도 떠밀려온다. 가끔은 어민들이 설치해놓은 정치망에 통째로 흘러드는데, 우럭이나 홍어, 숭어나 도다리 같은 생선들이 주렁주렁 달려 있다. 어민들에게 신고하면 그물 주인이 달려와서 사례로 생선 한 바구니씩 놓고 간다. 그런 날은, 끓이고, 지지고, 볶고, 훈제까지 온갖 종류의 생선 요리를 풀코스로 즐기는 날이다.

남북한이 대치하고 있는 바다 일부 지역(불포합지)은 생선들이 늙어죽는 곳이라고 일컫는다. 어느 누구도 조업을 할 수가 없고, 천적도 없으니 그곳에서 만큼은 생선도 천수를 누린다는 이야기다. 조업이 금지된 지역에는 해산물이 지천이다.

당연히 우리요원 부대 주변은 조업금지 구역이다. 쫄따구인 나에게는 고참들 식탁에 올려야 할 그 해산물을 채취하는 일마저도 고역스런 일과 중 하나일 따름이었지만. 추억은 모두 아름답게만 기억된다고 하지만, 가슴 한 구석에 조각된 추억의 편린들이 가끔씩 나를 그 시절의 백령도로 이끈다.

전설의 해병대 망치

5. 백령도의 한가위

망치(8·12)요원으로 백령도에서 맞던 한가위

백령도 하늘에 뜬 달은 무척 둥글고 컸다. 워낙 변화무쌍하고 변덕스러운 해양성 일기 탓에 맑은 하늘을 만나는 것은 쉽지 않은 일이었는데, 망치 2차로 백령도에 발을 디딘지 오래지 않아 맞았던 추석날.

'더도 말고, 덜도 말고 한가위만 같아라.' 는 옛 시인의 감탄처럼 풍요와 여유의 한가위 그 밤에는, 구름 한 점 없이 씻긴 밤하늘에 탐스런 둥근 달이 큼지막하게 떠올라 우리의 병사(兵舍)를 비추고 있었다.

임무가 없었던 것으로 기억된다. 요원들은 하루 종일 장비점검과 병사주변 청소와 보수작업을 했다. 모처럼 긴장과 위험에서 해방된 요원들 모두는 그 하룻밤 동안만은 살벌한 인간병기가 아니라, 먼 고향 땅에 두고 온 가족들과 그리운 이들을 떠올리는 스무 살의 착한 청년들이었었다. 색채도 짙은 푸짐한 달에는 달덩이 같던 소희도 둥글게 웃고 있었다. 내일은 생각하지 않기로 했다.

한가위 날 일직 동기인 박 요원과 나는 군량미를 퍼 담고 나섰다.

목적지는 장촌 상회

특별한 날 고참들에게 특별한 부식을 진상하기 위해서였다. 먼 길을 걸어 도착한 장촌 상회에서 도라지 무침과 몇 가지 사제 반찬을 군량미와 물물교환하고 돌아와 성대한 한가위 축제를 열었다. 요원들 모두 흐뭇해했다. 도라지 무침에는 고향의 맛과 향이 묻어났다. 살인무기만을 다루던 손으로 조상을 위한 전도 부쳤다. 우리만의 방식으로 조촐한 차례 상을 마련했었다.

그날 한가위 달은 섬 구석구석을 하나도 빠짐없이 고르게 비추려는 듯 휘황했었다.

군문을 나선지 어언 30년, 여태 그 밤처럼 탐스러운 달을 본 적이 없다. 마음 탓일까. 아니면 고도로 긴장된 상태에서 풍요와 여유를 만나니 음과 양의 진폭이 커서 더 탐스럽게 보인 것일까.

6. 망치의 추억

「망치 부대가」

내 뺨에 뽀뽀하고 해병대 간 우리 오빠
오빠가 보낸 편지 잘 받아 보았습니다.
집에는 걱정 없어요. 엄마가 계시니까요.
이북의 김일성을 혼 좀 내어주세요.
망치 부대 우리 오빠 귀신 잡는 해병대.

백령 연평도라 좁은 섬 해무 많이 낀다지요.
오빠가 보낸 선물 잘 받아 보았습니다.
순아는 걱정 말아요 공부도 잘 하니까요.
이북의 김일성을 혼 좀 내어 주세요.

망치 부대 우리 오빠 귀신 잡는 해병대.

위 노래는 망치요원 시절 없었던 곡이다. 우리요원의 역사를 기억하는 어느 해병 후배가 만든 곡으로 짐작되고, 지금도 해병대의 사가로 남아 후배들에게 전수되고 있다. 백령, 연평도라는 우리 주둔지를 정확하게 알고 있었고, 김일성을 혼내주라는 대목에서 요원들이 어떤 목적의 부대였는지를 알고 만든 것으로 보인다.

해병대용 건빵 봉지 뒤에 적혀 있던 글.

해병의 긍지
나는 국가 전략기동부대의 일원으로 선봉군임을 자랑한다.
하나, 나는 찬란한 해병정신을 이어 받은 무적 해병이다.
둘, 나는 불가능을 모르는 전천후 해병이다.
셋, 나는 책임을 완수하는 충성스러운 해병이다.
넷, 나는 국민에게 신뢰 받는 정예 해병이다.
다섯, 나는 한번 해병이면 영원한 해병이다.

군대 간식이며 비상식량인 건빵을 보급하면서 까지도 해병정신을 상기 시키려 했던 지휘부의 노력이 눈물겹기도 하다.

전설의 해병대 망치

7. 어느 장교의 죽음

바람 끝에 가을 기운이 묻어오던 시기로 기억된다. 백령도는 해병이 주를 이루지만 드물게 타군도 있다. 레이더 기지에 근무하는 공군을 비롯하여 육군 기무사 요원 등.

해안에서 지뢰사고가 발생했다고 해서 사고 수습을 위해 출동 명령이 떨어졌다. 신속히 현장으로 출동했다.

사고자는 현역 육군 소령

소속부대는 정확하게 알 수 없었지만 최근에 진급한 장교라고 했다. 백령도에는 진귀한 수석들이 많다. 형형색색의 돌들마다 저 나름의 독특한 문양을 지니고 있어서 애호가들의 눈길을 잡아 묶는다. 수석 밀반출이 극성을 부리면서 요즘은 관계 당국에서 철저한 감시와 단속을 하고 있고, 단속될 경우 강력하게 형사처벌을 한다고 들었다. 사고자인 장교도 수석에 눈길이 사로잡혀 시간가는 줄 몰랐나 보다. 조수 간만의 차가 심한 서해안에서는 한 눈을 파는 사이에 저 멀리 있던 바닷물이 어느새 발 앞에까지 와 있는 경우가 허다하다. 갑작스레 차오른 물에 퇴로를 차단당한 장교는 암벽으로 타올라 군부대 철조망을 통과할 생각이었나 보다. 그러나 군부대 주변은 온통 지뢰 지대였다. 길이 끊기고 선택의 여지가 없었던 장교는 깎아지른 암벽을 타고 올라 부대로 접근하다가 지뢰에 접촉되고 말았다.

현장에 도착하니 시신은 부대 외각 원형 철조망에 걸쳐져 있었다. 해당 부대가 있음에도 우리요원에게 수습을 의뢰한 것은 일반 부대원으로서는 감당하기 어려운 위험 때문인 것으로 이해되었다. 요원들은 2~30m에 달하는 험한 암벽을 타고 올라 오로지 밧줄 하나로 시신을 수습하여 보트로 운구했다. 자칫 발을 잘못 디디면 요원들 또한 지뢰에 접촉되어 불귀의 객이 될 수가 있는 상황.

사명감으로 무장한 요원들은 위험을 무릅쓰고 사체를 인양했다. 피 냄새를 맡았는지 그날따라 까마귀들이 유난스레 울어댔다. 그 음산한 까마귀 울음소리를 들으며 페달링으로 부대까지 운구해 와서 시신을 관계기관에 인도하고 부대 주변을 돌며 액막이 의식으로 소금을 뿌렸다.

전설의 해병대 망치

죽음이 어찌 곱기만 하겠는가. 그러나 지뢰에 피폭되어 처참한 모습으로 생을 마감한 그 장교의 모습은 오랫동안 아프게 기억되었다.

삼가 고인의 명복을 빈다.

8. 연평도의 추억

망치 하사관이 보트를 수리하고 있었다. 인근부대 하사관이 낮술이 거나한 채로 찾아와 땀을 뻘뻘 흘리면서 일을 하고 있는 망치 하사관에게 시비를 걸어왔다. 술기운 탓일 터였다. 평소 같으면 망치(8·12)요원들 근처는 일부러 피해 다니던 처지였겠지만, 낮부터 오른 술기운에 객기가 동한 것으로 여겨졌다. 요원은 다 술 탓이려니 하고 대꾸도 없이 일만했다. 시비의 요지는, 우리요원은 건방져서 아니꼽다는 거였다. 복장도 불량하고 해병대원으로서 품위가 없다는 거였다. 혀 꼬부라진 소리를 내며 횡설수설하고 있었다. 시아버지가 따로 없었다. 요원은 차분하게 타일렀다. 괜히 술기운에 수명 재촉하지 말고 얼른 들어가서 쉬라고 점잖게 경고도 하고. 술에 취한 하사관은 삿대질까지 해대고 욕설을 섞어가며 언성을 점점 높였다. 막무가내였다. 결국 그 하사관 요원에게 실컷 두들겨 맞고 엉금엉금 기어서 돌아갔다.

전설의 해병대 망치

망치에게 맞고 누구에게 하소연 할 것인가.

만약에 헌병대에 신고했더라면, 헌병들에게 몇 대 더 맞았을 거다. 낮술에 취해서 괜스레 근무 잘하는 망치를 시비했다고.
연평요원들 모두 야지구보를 다녀오던 길이었다.
한 요원이 이웃 해안경비초소에 복무중인 동기 하나를 발견했다.

반가운 마음에,

"야, 김 아무개. 너 일루 좀 와 봐."

우리요원들 등장에 슬금슬금 게걸음으로 귀대하던 병사들 중 그 사병이 망치의 호출에 그만 울음을 터뜨려버렸다. 요원들 모두 머쓱해졌다. 그 사병과 동기라는 사실을 알고 있던 선임 요원이,

"야, 임마 애 놀랬자니 가서 달래줘라."

동기인 요원이 급히 달려가서 어깨를 토닥이며 달랬다.

그 무렵,

같은 해병대원 중에서도 우리요원들에 대한 선입견이 그 정도였나 싶어 요원들 스스로도 의아해 할 정도였다.

북한 목표 침투지역 모의 사판

9. "수류탄이 없습니다"

1982년 8월 어느 날

내가 망치(8·12)요원 부대에 배치되어 임무수행을 시작한 지 얼마 지나지 않았을 때의 일이다. 지루한 장마가 막 끝났을 때로 기억된다.

칠흑같이 어두운 밤

우리는 과업을 위해 아군 해역을 떠나서 연봉바위 부근을 돌고 먼 바다로 나갔다. 각자 무장상태를 점검하고 작전을 위해 만반의 준비를 하고 있을 즈음. 적진의 서치라이트가 우리 요원들 쪽을 조준하기 시작했다. 우리가 작전을 전개할 때마다 적들은 늘 예의 주시하고 있어서 대수롭지 않게 여겼으나 그날따라 불빛은 자꾸만 우리의 동선만을 따라오는 게 아닌가. 우리는 정찰팀 캭션의 수신호에 따라 모터를 끄고 경계태세에 돌입했다.

"우르릉 쾅"

천둥소리였다. 변덕스런 여름 일기 탓이지만, 초긴장상태에 있는 우리 요원들 모두 화들짝 놀랐다. 연봉바위 주변은 남과 북의 바닷물이 교차하며 휘도는 지역이다. 때마침 조류가 바뀌어 우리의 보트는 적진으로 떠밀리고 있었다. 유속 7~8 노트의 속도로 흐르는 조류 탓이었다. 불과 1~2분 후면 적진으로 들어설 위기의 순간이었다. 우리 움직임을 따라 적의 서치라이트는 계속 따라 붙고.

소대장의 명령으로 각 팀 보트에 시동을 걸고 전속력으로 우리 측 해상으로 이동하기 시작했다. 뇌성벽력은 폭발음처럼 간헐적으로 일고 때맞춰 쏟아지는 폭우와 거친 파도 탓에 보트는 더디기만 했다. 우여곡절 끝에 우리 해상인 연봉바위와 대청도 중간 지점에 이르렀다. 북한군 해주기지의 서치라이트도 다시 평상시처럼 천천히 회전하며 숨을 고르고 있었다. 잠시 후 언제 그랬냐는 듯, 비도 그치고 심했던 너울도 잦아들었다. 하늘도 그새 개어서 비에 씻겨 더욱 상큼해진 별무리가 푸짐하게 피어나고 있었다.

갑자기 찾아든 평화에 요원들 모두 긴장에서 헤어나 잠시 감상에 빠져들 무렵.

"소대장님, 수류탄이 없습니다."

한 요원의 다급한 목소리였다.

가슴에 걸고 있던 두 개의 수류탄 중에 하나가 없어진 거였다. 혼비백산한 요원들로 보트에 한동안 소란이 일었다. 안전핀만 남아 있고, 수류탄은 행방이 묘연했다.

한동안의 소동 끝에, 거친 바다를 헤치며 남진할 무렵 바다에 떨어져 유실된 것으로 결론 내렸다. 모터 소리와 뇌성벽력으로 수류탄 폭발음은 듣지도 못했고. 만약에, 그 수류탄이 보트 안에서 폭발했더라면 지금쯤 우리 요원들 모두는 같은 날 제삿밥을 받고 있으리라. 돌이켜 생각해도 등골이 오싹해진다.

그 사건 이후로 우리요원에게는 독특한 풍경이 생겼다. 유사한 사고를 방지하기 위해 안전핀 주변에 청 테이프를 붙여놓는 것이었다. 악천후에도 해상 임무에 나가야 하고 활동량이 많은 망치로서는 고육지책인 셈이었다.

10. 똥 밟은 날

84년 늦은 봄 어느 날

○여단장의 특별 지시로 모의간첩 훈련을 하게 되었다. 여단 내 예하부대의 경계상황을 점검하겠다는 취지였다. 우리요원들 각자에게 임무가 주어지고 455기 서 모 요원은 산악지역의 한 부대를 주요 시설물로 가정해서 침투, 폭파하는 임무를 하달 받는다. 북포리 염전 부근에서 낙하산으로 간첩이 침투한 것으로 가상해 시작된 모의간첩 훈련으로 백령도 전 부대에 비상이 걸렸다.

우리요원들은 귀대해서 편안하게 오수를 즐기고 있을 즈음

결과에 따라 포상이나 징계가 주어지는 관계로 각 부대는 부산스럽게 움직이기 시작했다. 지역마다 경계가 강화되어 소란스러웠지만 외인 불가침 지역인 우리요원 영내에서는 요원들 모두 태평스럽기만 했다.

전설의 해병대 망치

밤이 되었다.

요원들 각자 맡은 임무에 따라 목표물을 향해 흩어졌다. 서 요원도 목표로 향했다. 우리요원들에게는 야간 산악작전에 익숙하다. 1968년 청와대를 목표로 침투했던 북한군 124군부대의 김신조보다 한 걸음이라도 빨라야 한다는 다그침 속에 한 달 여 동안 이를 악물고 야간 산악을 누비며 받았던 훈련 덕이었다.

목표물에 가까워질 무렵
서 요원은 목표물 주변의 경계상황을 살피느라 온 감각을 집중하며 서서히 접근하고 있었다.

물컹.

무언가 이물질을 밟았다는 느낌이었다.

야전에 근무해본 경험이 있는 예비역은 모두 알 것이다. 파견부대의 경우 화장실에 빈 드럼통을 받쳐 용변을 본다. 다 찬 드럼통은 적당히 처리하는 것도 관례다. 하필 그것을 서 요원의 침투로에 쏟아부어놓았던 것이다. 질펀해진 군화를 끌고 침투 감지를 위해 설치해놓은 전선도 무사히 통과하여 목표물에 '폭파' 딱지를 붙여놓고 그 부대 영내로 들어갔다.

임무 완수

경계하고 있던 선임하사가 깜짝 놀라 물었다.

"정말 대단하십니다. 훈련을 어떻게 받으셨기에 우리의 삼엄한 경계를 뚫고…."

"뭘요, 우린 밥 먹고 늘 하는 일인데요."

의기양양해진 서 요원.
출출할 거라며 라면이나 대접하겠다는 선임하사를 따라 주방으로 들어섰다.
밀폐된 공간으로 들어서자 와락 덤벼드는 냄새.
적당히 발효되어 농익은 그 냄새.

망치 체면 구기지 않으려고 슬금슬금 발을 모아 안으로 구부려도 보았지만, 그 냄새의 강도는 주계병의 구겨진 인상으로도 감지되었다. 서 요원은 라면이 코로 들어가는지 입으로 들어가는지 아무튼 정신없이 먹고 나서 천연덕스럽게 그 부대를 나서서 부대로 복귀하면서도 뒤통수가 간지러웠다.

서 요원, 그때 그 라면 맛 참으로 별났다고 한다.

전설의 해병대 망치

11. 위문공연과 여단장

1984년 5월 중순경

아침 일찍 서해 5개 도서 주민 위문을 위한 공연단이 백령도에 왔다. 장소는 해병대 ○여단 연병장. 그날은 주민들과 군이 자리를 함께 하는 날이다. 당시 기억에 남는 유명 연예인이라고는 「달구지」의 가수 정종숙 정도였다. 여단장을 비롯한 영관급 장교들이 무대 근처에 따로 자리하고 우리요원들은 객석 맨 앞자리를 차지하고 앉아 있었다. 공연은 계속되었지만 여느 무대처럼 무대 앞으로 달려 나가 춤을 추며 흥을 돋우는 장병들이 없어 공연은 밋밋하게 이어지고 있었다. 사회자가 나와서 함께 하자고 재촉해도 누구 하나 꿈쩍하지 않았다. 여단에서 어떤 지시가 있었는지, 어쩌면 앞자리를 차지하고 앉은 우리요원들을 의식해서일 수도 있었다.

사진을 즐겨 찍던 서 모 요원이 카메라를 옆 요원에게 맡기고 무대로 뛰어 올라갔다. 한참 춤을 추며 흥을 돋우자 여단 장병들도 하나 둘씩 올라오기 시작해 무대는 이내 축제 분위기로 바뀌었다. 춤판으로 한동안 뜨겁게 달아올랐던 무대가 정종숙의 노래가 끝나면서 마무리되고 대원들 모두 내려와서 제자리를 찾아 돌아갔다.

다음 진행을 준비하려던 사회자가 대뜸,

"아까 맨 처음 올라와서 흥이 나게 무대를 이끌어줬던 해병 다시 좀 올라와 주세요."

우리요원들에게 등이 떠밀리다시피 해서 서 요원이 다시 무대로 뛰어 올라갔다.

서 요원을 본 사회자가 물었다.

"참으로 멋있고 씩씩한 해병입니다. 어디에서 근무하십니까?"

"8·12망치요원입니다."

망치는 보안이어서 외부에 발설하면 안 되는 일이었다.

전설의 해병대 망치

"망치는 무엇 하는 부대입니까?"
"먹고 자는 부대입니다."
"참으로 유머 넘치는 해병입니다."
"이런 훌륭한 해병에게 휴가증 하나 주셔야하겠지요?"

흥이 난 사회자가 박 모 여단장을 바라보며 말했다. 박 여단장은 흐뭇한 표정으로 사단 작전 참모를 불러서 휴가증을 준비하라고 지시했다. 사회자가 서 요원에게 다시 물었다.

"계급이 병장이신데 제대 날자는 언제입니까?"

서 요원은,

"우리망치는 제대가 없습니다."
"말뚝입니까? 어째서 그렇지요?"

사회자가 의아한 듯 물었다.

"망치의 제대날짜는 김일성의 목을 따고 통일 과업을 이루는 날입니다."

순간 방청석에서 박수와 환호성이 터져 나왔다. 사단 참모가 여단장이 즉석에서 서명해서 작성한 휴가증을 가지고 무대 위로 올라왔다. 휴가증을 받아 든 사회자,

"아 참으로 소신 있고 훌륭한 군인입니다. 그럼 이 휴가증은 어쩌지요?"

"휴가 못간 사병에게 양보하겠습니다."
"역시 마음 씀씀이도 모범 해병답습니다."
"그럼 이 휴가증이 필요한 사병 올라오세요."

병장 하나가 뛰어 올라왔다. 어리둥절한 사회자가 물었다.

"아니 지금 서 병장은 휴가도 남에게 양보하는 데 어째서 병장이 올라오지요?"

병장이 대답했다.

"저는 선도병으로서 집에 꼭 다녀와야 하는데 가지 못하고 있는 저의 후임병인 이병을 보내주기 위해서 올라왔습니다."

"오호, 역시 해병입니다. 제가 군 위문 공연을 여러 곳 다녀봤지만 이런

모습들은 처음입니다. 이 부대 장병들은 의리도 남다르고 참으로 부럽습니다."

사회자가 다시 여단장을 바라보며 말했다.

"이런 부하 장병들을 휘하에 두신 여단장님은 너무도 행복하시겠습니다. 축하드립니다."

박 여단장은 호탕하게 웃으며 매우 흡족한 표정을 지었다. 입이 귀에 닿을 듯 했다. 공연이 끝나고 돌아온 우리요원들은 오후 과업을 준비하며 부대 앞 콩 돌 해안에 모여서 해상임무 전 P.T체조를 실시하고 있었다. 갑작스레 지프 다섯 대가 부대를 향해 달려왔다. 선도차에는 별판이 달려 있었다. 백령도의 유일한 별, 여단장이었다. 소대장인 박 모 중위가 요원들 교육은 고참 하사관에게 맡기고 부대로 뛰어 올라가며 중얼거렸다.

"서 요원, 저놈 아까 헛소리해서 잡으러 온 거 아녀?"

여단장과 장교들 몇이 왔고 지프 두 대에는 정어리 통조림과 라면, 간식 따위를 싣고 왔다. 부대 내 초병과 주계장은 지프 운전병들과 함께 여단장 하사품을 부지런히 창고로 날랐다. 여단장은 소대장에게 매우 수고가 많다고 말했다. 도착해서부터 떠나는 순간까지 입가에서 웃음이 사라지지 않았다고 한다. 여단장의 성의는 고마웠지만, 우리요원들에게는 생선 통조림이 환대 받을 수 있는 품목이 아니었다. 잠수에 능한 요원들이 주변 바다 속에만 들어가면 어종을 선택해가면서 포획할 수 있는 자연산 활어가 지천인데 정어리 통조림에 관심이 있겠는가. 그 통조림들은 요원들 모두에게 한동안 외면당하며 부식창고의 천덕꾸러기로 자리만 차지하고 있다가 결국은 장촌 상회 사제 음식과 교환해서 소모되었다.

우리요원은 공식적인 자리에 갈 때나 휴가 등으로 부대를 벗어날 때는 여느 해병과 똑 같이 계급장과 명찰을 단다. 그러나 왼쪽 가슴에 달린 특수수색 휘장(비표)를 보고 헌병도 우리를 인식하고 최대한의 편의를 제공했다. 그날 공연 사회자가 서 요원의 말귀를 다 알아듣고 우리요원을 이해했을 것이라고 생각하지 않는다. 일반 해병과는 조금 다른 부대라는 정도로 느꼈으리라. 여단장은 전역 후에 국회의원도 지냈다고 한다.

12. 맥주와 소대장

우리요원은 철저하게 외부와 차단되어 있었다. 요원들의 접견이나 외출 외박은 물론이고 외부인들의 출입도 봉쇄되어 있어서 우리요원은 임지인 백령, **연평도는 섬 속에 더 작은 섬으로 고립되어 있었다.** 외부를 접할 수 있는 유일한 것은 내무반에 설치된 TV 한 대. 그 TV가 우리에겐 신줏단지였다. 요즘처럼 방송국 송신 체계나 좋았겠는가. 부대 뒷산 전파가 가장 잘 잡힐만한 곳에 안테나를 설치해놓아도 때때로 전파가 안 잡혀서 화질이 엉망이 되거나 방송 도중에 끊기는 일도 비일비재했다. 물론 방송에 이상이 생길 경우 안테나 방향 조절하는 것도 쫄따구의 몫이었다. 최고참은 내무반 TV 앞에서 방향을 지시하고, 중간 고참은 밖에서 전달하고 쫄따구는 현장에 올라가서 안테나를 잡아 돌린다.

"좌로 15도만, 야 임마 너무 갔어."

대강 이런 식이었다. 아무튼 여가 시간이 주어져도 쫄따구는 고독할 틈이 없었다. 이런 요원들에게도 뜻하지 않는 기회가 찾아올 때가 있다. 바로 소대장이 선심을 쓸 때다. 84년 백령 망치들에게 박 소대장은 인간미가 있는 장교였다. 공과 사의 구분도 철저히 하고 요원들의 사기 진작을 위해 신경을 많이 쓰는 소대장이었다.

어느 날 오후, 박 소대장이 서 모 요원과 467기 이 모 요원을 불렀다. 두 요원이 척후 스윔어로 늘 고생이 많다고 특별히 자신이 동반하여 외출을 시켜준다는 거였다. 두 요원 가슴이 설레기 시작했다. 늘 주머니가 두둑해도 쓸 곳이 없던 요원들, 모처럼 폼이나 잡고 들어오겠노라고 호기 있게 부대를 나섰다. 다른 요원들의 시샘과 부러움의 눈초리를 애써 무시하면서. 함께 도착한 곳은 여단 앞 까치 다방. 아가씨들과 잠시 농을 주고받다가 황금 같은 기회가 아깝게 느껴진 두 요원.

"소대장님, 나가서 입가심이라도 하고 들어가시지요."

한 잔 생각이 간절한 서 요원이 소대장을 졸랐다.

"니들끼리 근처에 가서 가볍게 하구 와라. 난 여기 있을게."

전설의 해병대 망치

지휘관이 사병들하고 사석에서 술 자리하는 것이 뭣했는지 아니면 두 요원을 배려한 것인지 소대장은 정중하게 거절했다. 멀리 가지 말고, 조금만 마시고, 사고치지 말라는 당부도 곁들이며.

둘은 거리로 나와 행인에게 물었다.

"이 근처에 제일 좋은 술집이 어딥니까?"

행인은 근처 2층에 위치한 코스모스라는 주점을 가리켰다. 가슴에 힘을 잔뜩 넣고 계단을 올라 들어서니 술집 천정에 조명 볼 하나 돌아가고 칸막이로 된 좌석 서너 개 있는 볼 품 없는 술집이었다. 한쪽 좌석에는 육군 병사 예닐곱 명이 술을 마시고 있었다. 주인 여자가 다가와 요원들의 위아래를 훑더니 여기는 병사들이 오는 술집이 아니니 나가달라는 거였다. 장교나 하사관만 받는다는 거다.

뻘쭘해진 요원들.

쫄따구 앞에서 민망해진 서 요원이 물었다.

"저기 육군들도 쫄병들 같은데요?"

주인 여자는

"저들은 장교와 함께 왔어요."

모처럼의 외출 기회에 무안당한 서 요원은 다시 까치 다방으로 박 소대장을 찾아갔다. 장교와 함께 오지 않으면 술을 팔지 않겠노라는 말을 전해들은 소대장이 흔쾌히 앞장섰다.

맥주 세 병을 놓고 마주 앉았다.

오랜만에 맛보는 맥주, 서 요원은 무시당했다는 생각에 맥주 맛도 떨떠름했다. 두 잔째 따른 맥주를 막 입에 대는 순간이었다. 옆 육군 좌석에서 뿌린 맥주 거품이 요원들 좌석으로 날아들었다. 거품을 털어내다 튀어든 모양이었다. 하필이면 가뜩이나 심기가 불편해 있던 서 요원에게 날아왔다. 처음 얻은 외출 기회라서 외출복도 칼날처럼 다림질해 입고 나왔는데 맥주거품이라니.

"아니, 술을 마시려면 점잖게 마시지 뭐하는 짓들이여?"

화가 치밀어 오른 서 요원이 자리를 박차고 일어나며 버럭 소리를 질렀다. 적당히 취기가 오른 육군 사병들이 우르르 몰려나왔다. 하긴, 이쪽에야 달랑 셋이니. 서 요원은 욕 짓거리하며 달려든 사병 하나에게 한 방 먹였다. 딱 한 주먹에 나가떨어지는 동료를 보며 일행은 모두 움찔했다. 장교는 없었다. 그들 중 하나는 잽싸게 헌병대에 신고했다. 그들은 이내 넘어진 동료를 부축해서 자신들의 테이블로 슬금슬금 돌아갔다.

헌병들이 도착할 시간이 되자 서 요원은 계단으로 나가서 딱 버티어 섰다. **왼쪽 가슴에 특수수색 마크인 휘장이 잘 보이도록 각도를 조절하면서.** 헌병 하나가 계단을 뛰어오르다 서 요원을 보더니 주춤했다. 즉시 뒤를 돌아보며 따라오는 헌병들에게 지시했다.

"야, 옆 건물 당구장으루 튄 것 같다. 글루 가자."

그러고는 쏜살 같이 내려갔다.

"당신 망치인거 다 아니까 일 크게 만들지 말고 얼른 좀 나가주슈."

헌병은 서 요원에게 이런 암시를 준 것이겠지.
술집 안으로 되돌아 온 서 요원.

소대장에게 일단 자리를 뜨자고 말하고 술집 주인에게 갔다. 서 요원과 이 요원 주머니를 터니 10만 원이 조금 넘었다. 몽땅 술집 주인에게 건

넸다.

"요 옆 까치 다방에 있을 터이니 말썽 생기면 연락 주쇼."

얼떨결에 주는 돈을 받아 든 주인은 놀란 토끼 눈을 하고 고개만 끄덕였다. 다방으로 돌아가 앉자마자 술집 주인이 뒤따라 들어왔다. 그 군인들 조용히 돌아갔고 술값 계산하고 남은 돈이라고 부스럭 거리며 꺼내놓았다. 맥주 세 병에 몇 푼이나 했겠는가. 당시로는 10만여 원이면 거액이었다.

"아까는 죄송했구요, 지가 한 잔 낼 테니께 맘 편하게 드시고들 가세요."

헌병대에서 전화가 왔다는 거였다. 그 사람들 잘 갔냐고. 다음에 오면 맘 상하지 않게 조용히 잘 해서 보내드리라고.

주인은 요원들에게 언제든지 오시면 잘 대접하겠노라고 연신 고개를 조아렸다.

가슴 설레던 첫 외출이 엉뚱한 사건으로 찝찝하게 끝났다. 요원들은 돌아와서 변함없는 야간 과업에 돌입했다. 서 요원과 이 요원도 척후 스임어 본연의 임무를 수행했다. 당시에는 백령도나 연평도 지역에서 해병

전설의 해병대 망치

중 특수수색 휘장을 한 해병은 우리요원이 유일했다. 그 시절 특수수색 마크는 망치요원의 신분증이기도 했다. 지역에 파견되어 있었던 기무사와 헌병들은 위험한 특수 공작요원인 우리요원들이 '돌아버리는 상황'의 발생에 대비해서 우리요원들의 움직임을 은밀하게 감시하며 관리해 온 것으로 알려지고 있다. 우리요원들의 행동을 예의주시하며 사고예방과 사후수습을 위해 철저히 관찰을 하고 있었던 것으로 파악되었다.

13. 가고 싶었던 대민 지원

우리요원들에게 아쉬움이 하나 있다. 대민 지원활동을 못했다. TV를 통해서 추수나 수해복구 때에 일손이 부족한 주민들과 함께 땀을 흘리는 병사들을 보면 부럽기도 했다. 우리요원들은 주민들과 어울릴 수조차 없었다. 우리의 일거수일투족은 모두 보안이기 때문이었다. 물론 위험한 상황이나 긴급을 요하는 구조 등, 특수한 일이 발생되었다면 우리에게도 명령이 하달되었을 일이다. 작업 후 흙투성이가 된 채 주민들과 막걸리 한 잔 나누면서 인터뷰하는 동료 군인들을 보면 그저 남의 나라 이야기 같은 현실이 서글퍼지기도 했다. 우리의 대민 지원이라는 것은 태풍에 떠밀려 주둔지 해안으로 들어온 정치망 따위를 어민들에게 신고하고 철수를 거들어주는 정도가 고작이었다.

우리요원들은 보안 속에 살인과 파괴를 위한 훈련만을 거듭했다. 우리에게 덧씌워졌던 보안이라는 개념은 단절과 고립을 뜻하기도 했고, 우리를 제외한 모든 대상은 경계해야만 한다는 의미기도 했다. 이웃 주민들이나 타 병력도 우리를 경계하는 입장이었으니 우리는 폐쇄였고 우리들만의 리그였다.

우리의 오관은 언제나 날카롭게 깨어 있었고, 스무 살의 낭만이나 감상은 사치에 불과했으며 타 병력들이 누리는 일과 후의 여유도 24시간 대기상태에 있어야만 하는 우리요원들에게는 요원한 꿈이었을 따름이다.

전역자들끼리 모여 앉아 군 시절 연애담이나 늘어놓을라치면 우리는 아예 입을 닫는다. 전역 후에도 그놈의 보안교육 때문인지는 모르나 대체로 과묵한 편인 우리에게 그 시절의 연애란, 두고 온 애인이 신발 거꾸로 신지 말기를 바라며 노심초사하던 것과 화질이 엉망이었던 TV에 간간이 얼굴을 내미는 여자 연예인들을 홀로 흠모하는 정도가 고작이었다. 거래하던 구멍가게 딸과의 로맨스나 부대 앞 다방 아가씨와의 짧고 애틋했던 사랑 이야기를 늘어놓는 일반 병과 출신들의 장황설을 그저 인내하며 듣고 앉아있을 도리밖에 없었다.

외로움을 나누는 것도 대민 지원일까?

어쩌면 외로운 여인에게 이상적인 장병으로 나타나서 벗이 되어 주는 것도 대민지원이라고 할 수도 있으리라.

우리들만의 망치(8·12)요원 시절.
대다수의 군 상병들이 누렸던(?) 대민 지원의 기쁨조차 맛볼 수가 없었던 기억의 빈 칸에는 무엇이 채워져 있을까?

전설의 해병대 망치

14. 갈매기는 무슨 맛일까?

우리요원의 주요 임무 시간은 주민 통행이 금지되는 저녁 8시 이후에 시작되어 주민의 일과가 시작되기 전인 다음날 새벽 4~5시쯤이 되어서 마친다. 우리의 작전은 보안이라 모든 상황을 주민들에게 조차 노출시키지 않으려는 의도도 있는가 보았다. 과업이 끝나면 대충 씻고 식사하고 잠자리에 든다.

수면은 늘 부족했다. 오전 시간 눈 좀 붙이고 나면 오후에는 부대 내 잡일과 장비 점검 보트 수리 등으로 일정이 잡히기 때문에. 그날은 보트 펑크를 때우고 스크루도 손질하고 있었다. 한참 스크루를 손질하고 있던 김 하사가 또 호기심이 발동했나보았다.

"야, 노 일병, 얼른 가서 투투 총 좀 갖구 와라."

선임에게 이유는 묻지도 따지지도 않는 게 해병 쫄따구의 수칙이다. 잽싸게 뛰어가서 총을 들고 왔다.

목표물은 백령도에 지천인 갈매기. 갈매기 고기 맛이 궁금하다는 이유였다. 저격용인 투투 총에는 소음장치가 되어 있기 때문에 픽 소리와 동시에 목표물에 관통한다. 김 하사 조준 자세 취하더니 **한 방에 갈매기 한 마리 떨어뜨렸다.**

"얼른 들고 와라."

김 하사는 투투 총 옆으로 밀어놓고 하던 일을 마저 한다. 비명 한 번 제대로 질러보지 못하고 세상을 뜬 갈매기. 예상 외로 몸집이 컸다. 다시 구보로 들고 왔더니 사냥물을 흘끔 쳐다 보고 난 김 하사.

"주계장(취사장)보구 잘 좀 삶아놓으라 그래."

또 다시 휜 스크루 펴는 일을 계속했다. 주방 식탁에는 삶겨진 갈매기가 막 건져져 김을 내며 누워 있고 때마침 들어선 김 하사가 흠, 흠, 헛기침을 하며 다리 하나를 찢어 맛을 보았다.

"뭐야 씨발 뭔 맛이 이래?"

전설의 해병대 망치

다리 살점 베어 물고 몇 번 오물오물 씹던 김 하사, 욕설과 함께 씹던 고기 뱉어내고 들고 있던 다리를 패대기쳤다. 그리고는 벌떡 일어나더니 구시렁거리며 밖으로 나가버렸다.

박 요원과 나도 도대체 맛이 어떻기에 저럴까하고 조금 찢어 맛을 보았다. 어떤 표현이 적절할까. 그냥 불쾌한 맛이었다. 질기고, 퍽퍽하고, 기름기는 비위가 상하고, 노린내 나는 듯도 하고. 하긴, 갈매기가 맛있는 조류였으면 개체수가 이처럼 증가했을까. 밀렵꾼들의 등쌀에 보호종 내지는 멸종위기종으로 등재 되어 국가로부터 감시와 보호를 받고 있겠지.

아무튼 김 하사는 폭탄이었다.

그는 전역 후 신 내림을 받아 지금은 경기도 파주에서 무속인 무일도사(無一道士)로 새로운 인생길을 걸어가고 있다.

15. 영원한 망치요원

백령요원 시절 군화를 신고 생활하는 군인들에게는 무좀이라는 것이 늘 따라다녔다. 백령도 망치의 제2의 보급창고 장촌상회 그리고 우리요원들에게 정신적 애인이 된 마음씨 좋은 두 자매 청실홍실.

어쩌다 비공식 외출을 하고 꼭 들러 요원들의 생활 용품을 구입하는 곳으로 장촌상회는 우리요원의 보급창고 역할을 톡톡히 하고 있었다. 그리고 두 여인은 영원한 우리요원의 안방마님이다.

고향이 군산인 김 하사는 평소 말이 없고 묵묵히 자기의 본분에 최선을 다하며 말없이 요원들을 세심하게 챙겨주던 팀장이다. 어느 날 한 잔 술이 거나하게 취하여 장촌상회를 찾았다. 술은 취했지만 평소 그의 성격대로 조용하게 무엇인가 주문을 하고 있었다.

어느 요원이 무좀으로 고생하는 모습을 본 김 하사는 그 당시 유행하든 PM 무좀약을 사고 싶었는지 술에 취하여 이상하게 "피~~ 임~~ 약 주시오." 바람 빠진 목소리로 청실아가씨에게 무엇인가 주문을 하고 있었다.

놀란 청실아가씨가
"없어요."

얼굴이 빨개진 청실아가씨에게 또다시
"에이~~ 피엠약~~~ 주라니까."

얼굴이 빨개진 청실아가씨는 얼굴이 홍당무가 되어 방으로 들어가면서
"언니, 저 사람 나를 놀려 남자가 피임약을 달래~."
홍실아가씨가 나오며 피임약을 살려면 약국에 가야지 왜 여기서 찾느냐며 웃고 있었다.

그러나 막무가내로 계속 "피엠약~~~~ ." 하고 외치자
"피임약 없다니까요."를 같이 외치며 맞장구를 치고 있었다.

"가만"
무엇을 생각했는지 그제야 알아차린 청실아가씨 크게 웃으면서

'아 무좀약 피엠~~~.'
"처녀한테 피임약을 찾으면 어떻게~~"

피임약을 주면서 '처녀가 애를 가져 봤어야지.' 하고 중얼거린다. 한바탕 웃음이 터졌고 하늘을 봐야 별을 따지 우리 홍실이 책임을 지라며 억지를 부린다. 그렇게 해서 둘 사이는 더 가까운 사이가 되었고 가끔 장촌상회를 들리면 김 하사님이 홍실이 책임을 져야한다며 농담반 진담반 안부를 묻기도 하는 사이가 되었다.

요원들은 무좀약을 바를 때마다 피임약으로 통칭을 하면서 힘든 망치요원생활에 시름을 달래기도 했었다.

30여 년이 지나 우리요원의 모임으로 만나게 다시 되었지만 해병대를 제대하고 오늘날까지 8·12망치요원이란 자부심으로 살아 왔다고 한다. 그래서 그때와 같이 유니폼에 해병대 망치요원이란 글씨를 넣어 입고 다니면서 생활을 하였다는 김 반장님은 옛날 그 모습 그대로를 간직하고 있었다.

8·12망치요원의 자부심으로 지금까지 생활한 열정과 감동에 신선한 전우애를 느끼며 우리요원들을 위하여 어느 누구보다도 동분서주하는 영원한 선임하사님에게 진심으로 감사를 전한다.

전설의 해병대 망치

16. 북한방송

83년 4월경

해병 연평부대장으로부터 8·12망치요원의 훈련 시범을 참관하고 싶다는 요청이 있었다. 일부 요원들 기억으로는 해군 참모총장을 비롯해서 많은 장성들도 참관한 것으로 주장하고 있는데 수십 년 세월이 흘러버린 너무 오래된 일이라 요원들 서로의 기억들도 헷갈리고 있다. 요원들 모두는 그날 연평부대장과 기무사 간부, 헌병대장 등이 참관한 것만큼은 확실하게 기억해내고 있다.

작전훈련 시 적의 시설물로 이용되던 벙커 주변에 임시 작전본부가 설치되었고, 현황판이 마련되고 소대장은 현황판 옆에 서서 요원들의 움직임을 현장중계 하듯 참관한 각 지휘관들에게 브리핑하고 있었다.

작전 최종지점은 연평 등대 부근 바위산

척후 스윔어인 병 431기 고 모 요원과 병 455기 정 모 요원이 은밀하게 침투하여 작전본부 부근에서 대기하고 있었고, 정찰, 엄호, 돌격조가 순차적으로 침투하며 시범은 무르익기 시작했다.

폭파팀 하사관 143기 권 모 요원과 부사수인 병 434기 박 모 요원은 수중에 8파운드의 폭약을 설치한 후에 폭파를 완료하고 로프를 타서 암벽산에 올랐다. 그 산 정상 부근에 연막탄을 터뜨려서 요원들이 퇴각하는 동안 적의 시야를 흐리게 해서 목표물 확보에 혼란을 조성한 후 귀환하는 시범의 피날레를 장식하기 위해서였다. 두 요원은 산 정상 부근에 연막탄을 따서 얹어놓고 신속하게 레펠 하강으로 산을 내려오고 있었다.

바람의 영향인가 보다. 곧게 세워두었던 연막탄이 구르며 불꽃이 일더니 산불이 발생하고 말았다. 불은 이내 산 전체로 번지기 시작했다. 대미를 장식하는 시범을 중계하느라 한껏 흥이 올라 있던 소대장의 시야에도 산불이 잡혔다.

"어? 저게 뭐야, 야 불 꺼라, 얼른 불 꺼!"

소대장이 예상치 못한 돌발 상황에 당황해서 소리를 질러댔다. 접근조차 어려운 바위산에 산불이 발생하고 말았다. 시범을 마친 요원들 모두 진화작업에 동원되었고, 연평부대 해병들까지 총동원되어 진화작업을 하느라 부산을 떨었다. 다행히 산불은 크게 번지지 않고 쌓여있던 낙엽들을 태우고 소나무와 잡목 몇 그루를 그을리는 것으로 그쳤다.

그날 저녁
화질이 엉망이었던 내무반 TV를 통해 화면은 잘 잡히지 않았지만 북한 방송 진행자의 음성은 요원들 모두 또렷하고 생생하게 들을 수가 있었다.

"남조선 괴뢰도당은 공화국 영토를 무력 침공하기 위한 목적으로 정전협정을 위반한 채 불법적으로 군사훈련을 하던 연평도에서 산불이 발생하여 그 불로 인하여 남조선 국방군 병사 여러 명이 죽거나 다치었으며·········."

우리요원들을 직접 거론했는지는 기억이 없다. 물론 그 불로 인하여 사상자도 발생하지는 않았다. 그러나 북한 당국은 우리의 움직임을 낱낱이 파악하고 있었고, 우리망치요원들의 움직임을 예의주시하며 관찰하고 있었음이 확연했다.

당시 국가 안전기획부와 군 보안당국은 서해 5도 주민들 중이나 그곳에서 복무하는 군 관계자들 가운데도 상당수의 북한 고정간첩이 암약하고 있는 것으로 의심하고 있었다. 그러므로 망치작전은 주민들은 물론 타군 관계자들에게도 철저하게 보안을 유지하고 있었다.

그 후 얼마 지나지 않아서 한국방송 KBS에서 「서해 5도를 가다」라는 프로그램을 통해 망치요원을 소개한 적이 있다. 물론 망치라는 사실은 극도의 보안이었으므로 일반 해병처럼 위장하느라 철모도 쓴 채 시범을 보였다. 우리요원은 임무수행 시 철모를 쓰는 일이 전혀 없었다. 그날의 촬영은 의외의 일이었다. 2박 3일 동안인가 계속되었던 그 녹화에 정 모 요원이 인터뷰를 하기도 했다. 당시만 하더라도 방어 병력인 연평부대에는 전투시범을 보일만한 병력이 전무했고, 작품의 완성도를 높이기 위해서 특수훈련으로 조련된 우리요원의 시범이 궁여지책이었다.

특히 자동화기를 난사하며 레펠 하강을 선보인 것은 전군을 통해서 처음 있는 일이라고 했다.

녹화 후 얼마 지나지 않아 전국에 방영되었던 그 자료를 지금은 입수하기조차 어렵다. 한국방송에 수소문해보아도 남아있지 않다고 했다. 방영 이후에 이를 파악한 정보기관의 압력이나 요청에 의해서 보안을 유지하기 위해 일부러 폐기했는지도 모를 일이다.

그 자료를 녹화해 둔 요원이나 방송 관계자들이 있다면 제보해주시기 바란다. 망치의 명예회복을 위해서 귀한 자료가 될 것으로 믿고 있기 때문이다.

17. NLL를 원칙대로 고수하라

망치요원에게 NLL은 마음의 고향이나 다름없는 곳이다. 30여 년 전 우리요원은 목숨을 담보로 NLL를 완벽하게 사수하였고 누구도 넘보지 못하도록 접근조차도 못하게 하였던 곳이다.

지금 NLL이 연일 북한 해안포에 유린을 당하고 있지만 속수무책일 뿐이다. 북한은 지난 2010년 1월말에도 사흘 동안 서해상에 400여 발의 해안포와 방사포 등을 발사했지만, 당시 군은 단 한 발도 NLL을 넘지는 않았다고 방치를 하더니 2개월 후 천안함 폭침이 되었고 정부와 군 당국은 여러 번에 걸쳐서 천안함 조사 진상발표를 여러 번 번복하다 국민의 불신과 의혹만 사고 말았다.

또다시 8월 9~10일 사이 백령도와 연평도 NLL 부근과 우리해안 근처에 해안포 수 백발이 발사되었다. 또 비행체가 저고도 비행하였는데 군 발표에서는 NLL근처 5km라 하고 무인정찰기는 야간활동이 안 된다는 문제만 거론하고 있다. 주민들이 해안포가 백령도 해안 1km까지 넘어온 탄착점을 목격한 사실과 정찰기가 아군의 대응태세나 함정과 함포의 위치와 전력배치를 탐색하는 목적을 가지고 정찰한 것으로 봐야 할 텐데. 진실 자체를 축소하는 것은 국민들에게 국가안보에 심각한 이적 행위들을 하고 있는 것과 같다.

이것은 군 발표가 맞다고 해도 북한이 명백하게 정전위반을 한 도발행위를 방치하고 적과 싸우기를 거부한 것으로 볼 수 있다. 또한 분명한 것은 북한의 이런 도발행위들이 이번에만 그치지 않고 대남도발의 사전징후다.

백령도와 연평도에 상륙도발은 매년 4월부터 10월까지가 적기다. 11월부터 3월까지는 자연적인 기후조건으로 대대적인 상륙은 불가능하기 때문이다. 또한 성동격서로 한 겨울 동해 쪽 휴전선을 끼고 있는 바다와 대관령을 안고 있는 중소도시에 육·해·공군의 입체적인 침투로 점령당할 가능성도 있다.

NLL과 휴전선에서 아군의 대응태세가 미진하고 강력 대응을 하지 않는다면 국지적인 상륙도발을 할 가능성이 매우 크다고 할 수 있다. 만약 백령도나 연평도가 상륙되어 점령을 당한다면 재탈환은 어렵다고 본다. 그리고 수도권은 엄청난 재앙이 따르게 된다. 제발 이런 일이 일어나지 않기를 간절히 바랍니다.

조국의 평화통일과 대한민국을 위해서는 NLL은 원칙대로 고수해야 할 것입니다.

(참고*1) 기만작전(대한미국 합동참모본부 – 군사용어 해설집)
아군의 작전의도, 능력, 배치 등을 적에게 오판하도록 유도하여 적을 아군의 의도대로 유인 하거나 적의 기도를 사전에 포기하게 하는 계획적인 작전활동을 말한다.

에필로그

하나, 둘, 셋

하나. 에필로그

다시금 말하지만 지난 80년대 초 대한민국 해군 해병대에서는 1981년 8월부터 1984년 9월까지 3년 동안 군사기밀상, 정전협정상 극비리에 존재할 수밖에 없었던 북파특수공작부대가 있었다. 지금 이 시대에 이 이야기를 거론하는 것은 그만큼 그 비밀부대 존재의미의 중요성이 지대했기 때문이다. 휴전 이후 지금까지 불법으로 자행된 북괴만행은 숱하게 많았다. 그 중 최근까지 1·2차 서해해전, 천안함 폭침, 연평도 폭격 등 도발은 계속된다. 이들 북괴도발의 원초적 음모와 야심을 해결하고 우리의 대안을 도출하기 위해서는 이 부대가 남긴 교훈과 총성 없는 승리로 기록되어야 하는 8·12요원들의 이야기를 귀 담아 들어야 한다. 그래야 앞으로 북한에게 지속적인 위협을 주고 우리의 자유 남한도 굳건히 지킬 수 있기 때문이다.

이 글을 시작하기 전에 북괴가 자행한 주요도발일지에 대한 우리의 대응을 정리해 보았다. 그들의 도발은 빈번하게 지속되었지만 그에 대한 대응은 망치요원이 유일했다. 해병대 망치작전이 비록 그 시대의 정치적인 목적을 다하고 용도폐기 되어야 하는 희생양이라고 하자. 아니 여러 가지 제약 속에서 역사의 뒤안길에 묻어 놓아야만 하는 것이라고 쳐도 이것은 엄연한 역사의 사실이다. **이 시대에 이들의 값진 희생의 일부분만이라도 부각시켜 국가관의 실종으로 단순히 샐러리맨으로 전락한 후배장병들에게 군복무의 귀감으로 삼게 해야 할 것이다.**

지금 이들은 땅을 치고 통곡한다. 이들은 현역복무의 국방의무를 완수하기 위해 그 이름도 찬란한 해병대를 선택했다. 선배 해병대의 빛나는 무훈을 동경하여 사나이다운 해병대를 택한 젊은이들을 타의로 사지에 몰고 간 것도 이들에겐 무모한 짓을 한 것이다. 그런데 30여 년이 지난 지금까지도 이들에게 일생동안 지울 수 없는 가슴 속 응어리를 풀어주지 않은 해병대의 슬픈 역사가 지속되고 있으니 말이다.

해병대의 전통적 군인정신은 귀신도 잡을 수 있는 용맹성에 있다. 그 용맹성을 수십 배 이상 떨친 해병대 망치요원을 방치하고 어디에서 그 용맹성을 찾을 수 있단 말인가. 이 전설의 역사는 해병대 장병들의 입에서 입으로 전해지고 있다. 그래서 망치작전은 귀신 잡는 해병의 슬픈 역사

전설의 해병대 망치

다. 앞으로 이들을 외면하고 어찌 목숨을 담보로 한 어려운 작전을 수행할 수 있겠는가? 조국은 이 젊은이들의 피똥 터지고 **뼈를 깎는** 희생을 외면하고 방치한다면 국가존립의 초석이 흔들리는 어리석음을 범한 것이다.

나와 망치요원들에게 악몽과도 같았던 3년의 기록을 접는다. 세월이 많이 지났고 기록도 많지 않다. **나를 포함한 요원들의 흐릿해진 기억에 의존해서 집필하다보니 서로의 기억들도 헷갈린다.** 좀 더 구체적인 서술을 위해 해병대 사령부와 관계기관에 자료를 요청해도 번번이 거절당했다. 한동안의 거절 후에 사령부 측에서 우리요원들에게 회신한 문서에는 전지훈련 차 파견했었다는 옹색한 기록이 전부였다. 아예 우리의 존재를 인정하려들지 않는 것 같았다. 그러나 우리 상급자였던 일부 장성과 지휘관들의 증언은 우리에게 천군만마가 되었다. 조직적 은폐시도와 외압에도 굴하지 않는 대한민국 해병대의 지휘관다운 그들의 용기는 우리 해병대의 역사를 올바르게 보존하기 위해**서, 내 조국의 충군이며 용맹스러운 해병대가 존재하는 한 후배들에게 영원토록 귀감이 될 것이다.**

우리망치요원 대다수는 아직 건재하다. 이제 우리는 더 이상 인권이 유린되고 억압과 폭력에 휘둘리며 죽음의 현장으로 내몰렸던 그 시절 스무 살이 아니다. 스무 살의 내 자식에게 바른 길을 제시해야만 할 스무 살들의 아버지며, 내 아들에게 아버지의 역사를 바로 알려주어야 할 책임이 있는 가장이다. 더욱, 우리의 진실을 규명하는 일은 일백 만 해병 가족의 명예를 회복하는 길이며, 후배들에게도 당당하고 자랑스러운 해병대의 자긍심을 지켜나가게 해야 할 선배들로서의 당연한 책무이기도 하다.

이 글을 맺은 이후에도 우리의 실체를 규명하려는 노력은 계속 될 것이다. 역사적 진실을 감추려는 것은 손바닥으로 해를 가리려는 행위와 같다. 날이 새면 햇살이 음지를 비추고 어둠으로 덮혀 있던 만물은 실체를 드러내는 법이다. 역사는 반복하여 이 진실을 일깨워 왔다. 아쉬움이 크다.

그러나 이 시도는 첫걸음에 불과한 것이라고 자위하련다. 부족하나마 이 글이 모습을 갖출 수 있도록 도움을 준 망치요원 모두와 해병 전우들께 고마움을 전한다.

살아남은 자의 슬픔

살아남은 대다수의 8·12망치요원들은 한두 군데 이상은 몸들이 망가져 있다. 그 중 일부는 그런대로 장애인에 등록되었다. 하지만 지금도 그때의 악몽에 시달려 잠을 이루지 못하거나 먼저 사망한 동료들의 환상이 밤마다 꿈속에 어른거려 신경쇠약으로 정신과 치료를 받는 요원들도 많다. 그리고 아직도 망치시절의 악몽에 머물러 이를 잊어버리기 위해 알코올에 의존하면서 몸이 망가져 가고 있는 요원들이 있다. 이 모든 것을 누구에게 원망하고 한탄할 것인가.

우리요원들은 훈련과 임무수행 과정에서 다른 부대와 달리 끈끈한 팀웍으로 맺어진 전우애가 있었고, 죽음의 문턱을 함께 드나들면서 숙명적으로 맺어져 형제애 이상으로 똘똘 뭉쳐 있었다. 그래서 그런지 먼저 간 동료에게 미안함과 그리움에 젖어 우리요원들의 숨을 조이고 있다. 우리요원들은 일반적인 첩보부대 북파공작원들보다 더 혹독한 훈련과 임무를 수행하고도 해병대 소속이란 이유로 일반적인 북파공작원 출신들의 처우와는 하늘과 땅 차이로 차별대우를 받고 있다. 차별대우를 받는 것이 아니라 국가유공자 보상법에 의해 국가적 대우에서 제외되어 있다.

해병대 8·12북파공작원들도 다른 북파공작원과 같이 똑 같은 북파교육을 받고 북파임무를 수행하였다. 그런데도 첩보부대 출신들에게는 특수임무수행자로 국가유공자 대우를 받고 이에 견줘 우리요원들에게는 아무런 대책도 없고 첩보부대가 아니라는 이유만으로 무대책으로 일관하고 있다. 어느 나라 법에 이런 경우가 있는지 국가에 대해 항변을 하고 싶다. 이것은 상식을 벗어나는 일이다. 사회와 군 일부에서도 같은 북파교육을 받고 목숨을 걸고 혹독하고 처절하게 사선을 넘나들며 특수임무를 수행한 8·12망치요원들에게 이렇게 소홀히 대하는 것에 대하여 상식 밖의 있을 수 없는 일이라고 상당한 비판이 많다.

망치요원들은 천안함 장병들과 같이 사회와 언론에 주목을 받은 것도 아니다. 그리고 복무 중에도 정상적인 치료나 관리를 받지도 못했다. 음지에서 묵묵히 책임을 다하며 살아왔을 뿐 병이 들어도 자비로 치료를 받아야 한다. 치료를 받고 있는 요원들도 몸과 마음이 정상 상태로 회복이 될 수 있는지 아무도 모른다.

우리요원들 대다수는 일반 군 출신들과 비교해서 생을 일찍 마감한다. 또 나이가 들어가면서 점점 병들어가고 있는 요원이 속출하며 변변한 직업도 없이 변방에서 사회적인 약자로 살아가고 있는 요원이 많다.

전쟁이란 무엇인가?
클라우제비츠는 그의 『전쟁론』에서 전쟁의 본질을 한마디로 정의했다. "전쟁은 수단을 달리한 정치의 연속이다."라고.

또 손자는 "兵者 國之大事"라 했다. 즉 전쟁은 국민의 생사와 국가의 존망이 기로에 서는 대사이므로 신중히 살펴야 하며 부득이 전쟁을 한다면 부전승(不戰勝)이 최상의 방법이라 했다.

망치작전은 남북이 6·25 전쟁 이후 특수한 상황에서 대북 응징·보복을 목적으로 하는 작전이다. 다시 말하면 북한이 폭력이나 무력을 사용하는 상태 또는 행동을 감행할 경우나 징조가 있을 때 작전을 수행하는 것을

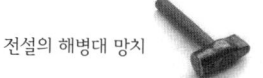

전설의 해병대 망치

말한다.

이런 준전시체제에서 사고 없이 막중한 임무를 수행한 망치작전은 손자가 말하는 부전승의 표상이다. 이런 훌륭한 임무를 수행하고도 국가에 버림을 받고 있는 망치요원을 이대로 방치해서는 안 된다. 이들이 더 이상 살아남은 자의 슬픔으로 방황하게 해서는 더더욱 안 된다.

5공 정부 '망치작전'과 참여정부 '햇볕정책'
참여정부는 북한군이 휴전선에 배치한 2개 사단 병력을 개성후방으로 배치한 것을 그들의 업적이라 평가한다. 그것도 북한에 수억 불을 퍼 주면서. 하지만 NLL선은 연평해전을 비롯하여 여러 차례 무너졌고 제2연평해전에서 패하면서 북한 8전대사령부가 아군함정을 표적으로 3차례 '발포(fire)'를 언급하는 등 노골적인 공격을 지시했다. 그럼에도 당시 국방부 수뇌부는 이를 의도적으로 묵살했고, NLL을 유린당하며 대응하지 않은 결과 천안함 참사가 일어났다.

제5공화국 정부의 '망치작전'은 북한군이 휴전선에 배치한 특수군 1개 사단 병력을 황해도 해안에 이동 배치하게 하여 북한의 군사작전의 균형을 무너트렸다. 그리고 NLL선은 한 번도 무너지지 않았다. 오히려 황해도 일대의 해군기지와 공군 비행장, 포병진지를 초토화 할 목적의 군사적 조치에 그들은 전전 긍긍 해야만 했다. 그 결과 외국에서 게릴라식 전략에 미얀마 아웅산테러사건, 858KIL기 폭파사건 등으로 북한은 국제적인 고립의 자충수를 두었다.

망치작전은 북한의 사전 도발이나 전쟁을 억제하고 한반도 안정과 평화를 유지한 전략전술의 성공한 사례로 평가받는다. 지금은 우리의 가족과 아들들이 죽어가고 있다. 대한민국이 살고 우리의 가족과 아들들이 살아가려면 서해 5도의 NLL 침범 시 그 어떤 이유든 경고사격 후 바로 격파사격으로 대치해야 한다. 미온적인 대응은 북한의 추가적인 도발을 야기시킨다. 또 다른 우리의 가족과 아들들이 살아남기 위해서라도 원칙을 준수하는 강력한 대응이 필요하다. 특히 이명박 대통령의 국제적인 공조로 유엔안보리 회부를 통해 대북방송 재개와 제주해협 등 한국 영내 북한 선박 운항 금지 조치 준(準)전시에 해당하는 대규모 한미군사훈련 실시는 매우 잘한 일이다.

북한 못지않게 규탄돼야 할 상대는 한국 내 '친북종북좌익 세력'이다. 사실을 왜곡해 무조건 정부와 군을 비판하고 북한을 감싸는 이들을 국민이 공감하는 과학적인 증명과 군과 정부의 단호한 안보의지로 이들을 굴복시켜야 한다.

전설의 해병대 망치

둘. NLL의 잊혀진 망치작전

6·25전쟁이나 월남전과 같은 공식적인 전쟁에서 행해진 작전은 아니었다. 그러나 1980년대 초, 한반도 냉전시대의 남북한 최고조의 전쟁위기에서 극도의 비밀 속에 대한민국 해병대에서 병역의무로 복무하는 정예 해병을 강제 차출 북파특수공작원으로 양성하였다. 철저한 신원조회를 거쳐 백령도와 연평도를 거점으로 서해 5도 해상과 NLL선상에 투입 성동격서의 신출귀몰한 비밀작전을 실행했다. 이 작전은 서해 5도는 물론 NLL와 휴전선을 사수하고 북한의 남침 야욕을 저지하는 양동작전으로 승리한 특수공작 기만작전이었다.

이 시기 대한민국은 세계적인 경제대국으로 진입하는 발판으로 88올림픽 개최에 심혈을 기울어 올림픽 개최국으로 선정되자 북한의 의도적인 대남도발은 극에 달하였고 세계는 대한민국이 풍전등화의 전쟁위기에서 평화적인 올림픽 개최가 불투명하다는 뉴스가 연일 보도 되면서 국민들은 불안해 하였다. 이를 기화로 정부는 구국의 차원에서 망치작전을 계획하였다. 이 작전개요는 전시가 아닌 평시에 북파 후 대남도발의 근원지를 폭파하고 전투 지휘부를 암살, 납치, 교란, 기만하라는 특수한 표적이 주어진 명시임무가 부여된 작전이다. 임무를 완수하고 돌아오지 못하거나 체포되면 자폭하라는 것이 준엄한 국가의 명령이었다.

그러나 남한은 휴전협정이 맺어져 있긴 하지만 긴박한 국가의 위기 상황에서 북괴의 기습적인 무력도발을 우려하여 서해 5도 NLL과 휴전선에서 굳건한 방어선을 구축해야 했다. 북한이 휴전선 근접에 특수군을 전진·배치하여 당장 밀고 내려올 태세이고 서해 5도를 고립시키기 위하여 NLL를 무시하고 해상 1km앞까지 일방적으로 남방한계선을 선포하였다. 그리고 이 지역에서 민간항해나 군사훈련은 북침으로 규정, 군사 행동으로 대처 할 것을 공포하며 의도적으로 서해 5도를 고립이 시키고 있었다.

이 시기 대한민국 해병대에서는 인간병기로 무장된 300여 명의 북파특수공작원(망치요원)들이 백령도와 연평도를 거점으로 서해 5도 해상과 NLL 선상에서 밤낮을 가리지 않고 목숨을 담보로 하는 신출귀몰한 망치작전을 실행하였다. 그 결과 북한은 그들이 일방적으로 주장한 서해 5도의 남방한계선(서해5도 해상 1km까지.)을 NLL 북방한계선까지 철수하였다. 그리고 서해와 황해도 및 북한 지역의 후방까지 위협을 느낀 북한군

전설의 해병대 망치

은 남침을 하기위하여 휴전선에 집중 배치한 북한특수전단 병력을 서해와 황해도 및 후방으로 이동 분산시키며 남침을 포기하는 결정적인 계기가 되었다.

이 외에도 망치작전은 북괴의 기습적 수도권 무력도발의 방지에 지대한 영향은 물론. 한반도에서 세계적인 이목이 집중된 88올림픽의 성공적인 개최에 앞서 경제발전에도 국가에 엄청난 공헌을 하였다. 하지만 우리망치는 이 작전이 알려지면 남북관계에서 정전협정과 배치되는 상황에 극도의 기밀을 요하는 관계로 전과에 기록하지 못하고 무명용사가 되어 전설 속에 사라져야만 했다. 그러나 우리 국민들은 격동의 시대에 전설 속에 사라져 무명용사가 된 망치요원들이 냉전시대에 조국을 위하여 목숨을 바치고 피와 땀으로 이룩한 망치작전에 희생자들을 반드시 기억을 해주어야 할 것이다.

원래 대북 응징·보복 임무는 첩보부대에서 수행해야 했으나 7·4공동성명 이후 대북 응징·보복활동이 전무한 상태였다. 여기에 긴박한 안보위기에서 첩보요원 25명이 일시적으로 해상에 투입되는 특수작전은 사실상 실행이 어렵게 되었다. 그리고 휴전 상태에서 공격적인 부대의 노출은 남북문제를 야기할 소재가 있고 서해 5도를 장악하고 있는 해병들과 공조가 절대적으로 필요했다. 이 모든 이유 때문에 상부의 특별지시에 의해 해병대에서 대북 응징·보복 목적으로 북파특수공작요원을 양성하여 북파특수공작 작전을 수행하게 된 것이었다.

그럼에도 불구하고 그 기록이 없는 것은 휴전이후 냉전시대에 전쟁의 급박한 위기상황 속에서도 방어만해야 하는 우리나라 국군은 미군의 허락 없이 공격적인 부대를 운용하면 정전위반의 문제를 안고 있는 현실에서 극비리에 실행한 특수작전을 전과에 기록하는 것은 불가능 하였다. 더군다나 병역의무로 복무하는 장사병들을 평시에 일반적인 병역의무와 다른 목적으로 사용하는 행위 즉, 북파특수공작 훈련과 북파작전에 투입하고 운용한다는 것은 긴밀한 보안을 유지해야했기 때문에 망치작전을 실제 기록과 다른 8·12전지훈련 또는 특수전 소대훈련으로 기록을 할 수 밖에 현실 이었다.

그러나 망치작전은 그 당시 북한이 휴전선에서는 남침준비를 완료하고 서해 5도를 고립시키고 NLL를 무력화 시키고자 자의적으로 남방한계선을 선포한 이 지역에서 이루어졌다. 이 지역에서 망치요원(북파특수공작원)을 야간에 서해 5도 해상과 NLL 선상에 투입하는 그 자체가 분쟁지역에서 고도의 작전을 수행한 것이며 실질적인 전투이며 전쟁이었다.

냉전시대 서해 최북단 NLL에서 소리 없이 일어난 작은 전쟁지역에서 망치작전의 작전활동이 국가 기밀이란 이유로 요원의 기억 속에만 존재해야만 하는 현실이 너무나도 안타깝다. 이의 기록이 소멸되어 있는 것은 어쩌면 우리 국민들은 정말 소중하게 생각해야 하는 것들을 잊고 살아가는 것은 아닐까?

이들은 조국을 원망하지 않는다. 다만 잊혀진 명예를 되찾고 싶으며, 나라를 위해 목숨을 바치고 희생·봉사한 요원들의 넋을 위로하고 싶어 한다. 그리고 다시는 이 땅에 천안함 폭침과 연평도폭격과 같은 일이 되풀이 되지를 않기를 간절히 바랄 뿐이다. 그들은 나라를 위해 젊은 한 순간 그 전쟁터를 가기위해 모든 것을 바쳤고 특별한 희생과 봉사를 하고 사라 졌지만 NLL에서는 지금도 작은 전쟁에 신음하며 우리의 아들들이 죽어가고 있다.

이제 망치요원들은 백령도와 연평도에서 NLL를 바라보는 노병이 되어 그 흔적을 지키며 기억하고 있다. 하지만 이제 이마저도 먼 기억 속으로 잊혀져 가고 살아남은 이들은 대다수가 병든 몸이 되어 그들만의 전투를 기억하고 있는 반백의 나이를 넘어서고 있다. 28년 전 서해 5도 최북단 NLL에서 행해진 망치작전은 또 한 번의 귀신 잡는 해병대 신화에 기록되어 대한민국이 존재하는 그 날까지 영원히 함께 가야 할 것이다.

마지막으로 망치요원이 국가에 대한 원망을 하는 것이 아니다. 시대적 상황에 어쩔 수 없이 겪어야 되는 아픔이었다. 다만 위정자들에 의하여 망치작전이 잊혀진 것이 안타까울 뿐이다.

셋. 추천사

내가 평소에 피붙이처럼 아끼던 노영길이와 그의 동료 둘과 을지로 어느 식당에서 점심을 함께한 적이 있다. 노영길의 동료가 내게 첫잔을 권하는데 그 술잔이 깨어졌다. 당황스러워하는 일행들에게 무학 대사와 이성계의 꿈 이야기를 해주었다.

무학 대사가 토굴에서 공부하고 계실 때 이성계가 찾아가서 '꿈에 낡은 집에 들어갔는데 서까래 3개가 지붕에서 떨어졌다.'는 꿈 얘기를 하자 스님은 이 꿈을 '이성계가 왕위에 오를 것이다.'고 해몽했다고 한다. 이성계가 스님에게 물었다.

"큰스님, 꽃이 떨어지고 거울이 깨지는 것은 무엇을 뜻하는 것일까요."

큰스님은 조용히 시 한 수를 읊었다.

"꽃이 떨어지니 열매가 맺힐 것이요,
거울이 깨졌으니 소리가 나지 않는다."

고려가 망하고 새로운 왕조가 태어나 왕위에 오를 좋은 징조라 하면서 '조만간 여러분에게도 좋은 운이 있을 것 같다.'며 격려해 주었다고 한다.

내가 평소 아끼고 사랑하는 노영길이가 책을 쓴다고 해서 무슨 글을 쓰고 있느냐고 물었더니 돌아오는 답변에 몇 번 내 자신이 놀랐다. 한 번은 '자기가 해병 8·12요원 일명 망치부대 북파특수요원이었다는 사실에 깜짝 놀랐고, 내가 국회의원으로 재직 시 나도 모르는 해병대에 8·12망치 북파특수요원이 존재했었다는 사실에 또 놀랐다. 늘 건실하고 부지런한 노영길이가 준 **초고를 밤을 새워 읽어 보면서 속울음을 삼켰다.**

나와 함께 학생운동을 하던 동료들은 4·19 학생운동에 참석했던 사실이 인정되어 국가 유공자가 되었는데, 정작 나는 주동자로 활동했음에도 불구하고 증거 자료 미비로 명예회복을 못 한 것이 한이 되었는데, 내가 아는 노영길이도 그 전철을 밟지 않기를 바란다.

이렇게 국가를 위해 희생하고 혹사당한 이들의 역사가 국가적인 차원에서 반드시 밝혀져 이들의 명예회복이 반드시 이루어질 수 있도록 도움을 주고 싶었다.

나는 노영길이와 일행들을 국회 국방위 소속 현역 의원에게 소개해주었다. 이들의 명예회복에 도움이 될 수 있기를 바라는 뜻에서.

이들의 이야기는 냉전시대의 산물이다. 북파요원 양성을 위해서 혹독한 훈련 도중, 피워보지도 못한 청춘이 꺾이기도 했고, 부상과 정신적, 육체적 후유증 등으로 아직도 고생하는 전우들이 많다는 이야기도 들었다.

이 책이 발간되어 해병대는 물론 일반인에게 두루 읽혀져서 이들의 실체 확인과 명예회복에 도움이 되기를 희망한다.

2009년 12월
제 11·12 국회의원 김형래
(* 김 전 국회의원은 2010년 2월 지병으로 별세하셨다.)

전설의 해병대 망치